GAKKEN GRAPHIC BOOKS DELUXE ⑩

図説江戸 1

江戸城と将軍の暮らし

監修 平井 聖
東京工業大学名誉教授
昭和女子大学教授

江戸城と将軍の暮らし

目次

将軍の城　江戸城　4

江戸城と城下　4
家康の江戸入府と築城　6
江戸城天守　8
江戸城天守の構造　10
●古図で見る江戸城天守　12
江戸城本丸［寛永度］　16
本丸御殿の構成　18
江戸城二の丸　20
二の丸御殿の構成　22
●鳥瞰江戸城　24
紅葉山　28
将軍家霊廟・紅葉山　30

権威の象徴　本丸御殿　32

本丸御殿大広間　32
大広間の仕組みと機能　34
本丸御殿［万治度］　36
白書院・黒書院の仕組みと機能　38
●御殿を彩った障壁画　40
本丸御殿絵図　44
江戸幕府の職制　46
町入能　48
城中の儀式と行事　50

将軍の暮らし

中奥御座の間 52
将軍の一日 54
武芸上覧 56
征夷大将軍と徳川氏 58
中奥御湯殿 60
将軍の食事・入浴 62
大奥御鈴廊下 64
将軍と大奥 66

大奥の暮らし

御台所の御殿 68
御台所の衣装と髪型 70
大奥呉服の間 72
大奥の職制 74
大奥長局 76
長局の構造 78
御殿女中の給与 80
大奥の給与と法度 82
大奥の衣装と髪型 84
大奥の年中行事 86
奥女中の仕事 88
大奥の娯楽 90
●江戸城の乗り物 92
御代参・御上使 96
寛永寺と増上寺 98
●古写真で蘇る江戸城 100
江戸を歩く〔江戸城編〕 104

表紙 江戸名所図屏風（出光美術館蔵）
江戸城ＣＧ『幻の江戸城』大広間
（考証＝平井　聖・制作＝ＮＨＫエンタープライズ21）

将軍の城 江戸城

江戸城と城下

「江戸図屏風」(国立歴史民俗博物館蔵)

本屏風は明暦の大火（1657）で焼失する以前の江戸を描いているとされる。右に見える天守は元和８年（1622）造営の元和度天守、あるいは寛永14〜15年（1637〜1638）造営の寛永度天守であると考えられている。天守のそびえる本丸にひしめくように甍を連ねるのは本丸御殿である。本丸御殿と堀を隔てて手前に二の丸と三の丸が広がる。一つ一つの櫓の形態などは類型的に描かれているようで、そこに絵画の史料上の性格もうかがえるが、本丸をはじめ縄張の形は、他の古図史料ともよく符合する。内曲輪の外には城をとり囲んで大名屋敷群が建ち並ぶ様が描かれており、本丸上方の木々の生い茂る西の丸や紅葉山の向こうには御三家（左から尾張、水戸、紀伊）の屋敷が見える。明暦の大火ののち、これらの屋敷は移転して江戸城吹上となる。

また西の丸の東（手前）には松平伊予守、南（左手）には堀を隔て井伊掃部頭・上杉弾正・松平長門守・松平陸奥守らの屋敷が見えるが、大名屋敷の多くは将軍の御成に備えて、競うように御成御殿や豪華な御成門を構えている。こうした大名屋敷の並ぶ地域の外側は町人地となっており、商家や芝居小屋が軒を連ね、江戸城下の華やいだ状況が描かれている。

❶本丸　❷天守　❸二の丸　❹三の丸　❺紅葉山　❻西の丸　❼松平長門守屋敷　❽松平陸奥守屋敷　❾松平伊予守屋敷　❿井伊掃部頭屋敷　⓫上杉弾正屋敷

家康の江戸入府と築城

●家康、江戸に入る

天正《てんしょう》十八年（一五九〇）、豊臣秀吉は小田原攻めにより後北条氏を滅ぼし、関東を平定した。この戦での戦功を評価された形で、関八州の地は徳川家康に与えられた。家康の江戸入りは同年八月一日であった。

江戸はかつて江戸氏の拠点であったが、ここに本格的な城を築いたのは関東管領《かんとうかんれい》上杉氏の家臣太田道灌《おおたどうかん》であった。小田原攻め当時は後北条氏の家臣遠山景政《とうやまかげまさ》が城代であった。しかし家康が入国した時、城は荒廃が進み、竹林が生い茂るに任せ、またのち西の丸もまだ野原であったという。

●江戸築城の工を起こす

家康は文禄《ぶんろく》元年（一五九二）三月、まず防備面で手薄であった西の丸から築城工事を始め、八月頃にはほぼ完成したようである。同時に江戸の城下町の整備にも力を注ぎ、家臣の屋敷割や町人地の整備などを行ったが、秀吉の伏見城普請《ふしん》に加わらざるを得ず、工事は中断する。しかし、慶長《けいちょう》三年（一五九八）の秀吉没後、同五年の関ケ原の合戦に勝利した家康は天下を手中にし、慶長八年、ついに江戸幕府を開く。ここにおいて江戸城は一大名の城ではなく、天下人の城になったのであり、築城工事も、城下町の造成を併

徳川家康像（大阪城天守閣蔵）
家康は日本一巨大な近世城郭であった江戸城を築き、江戸を日本最大の城下町とした。

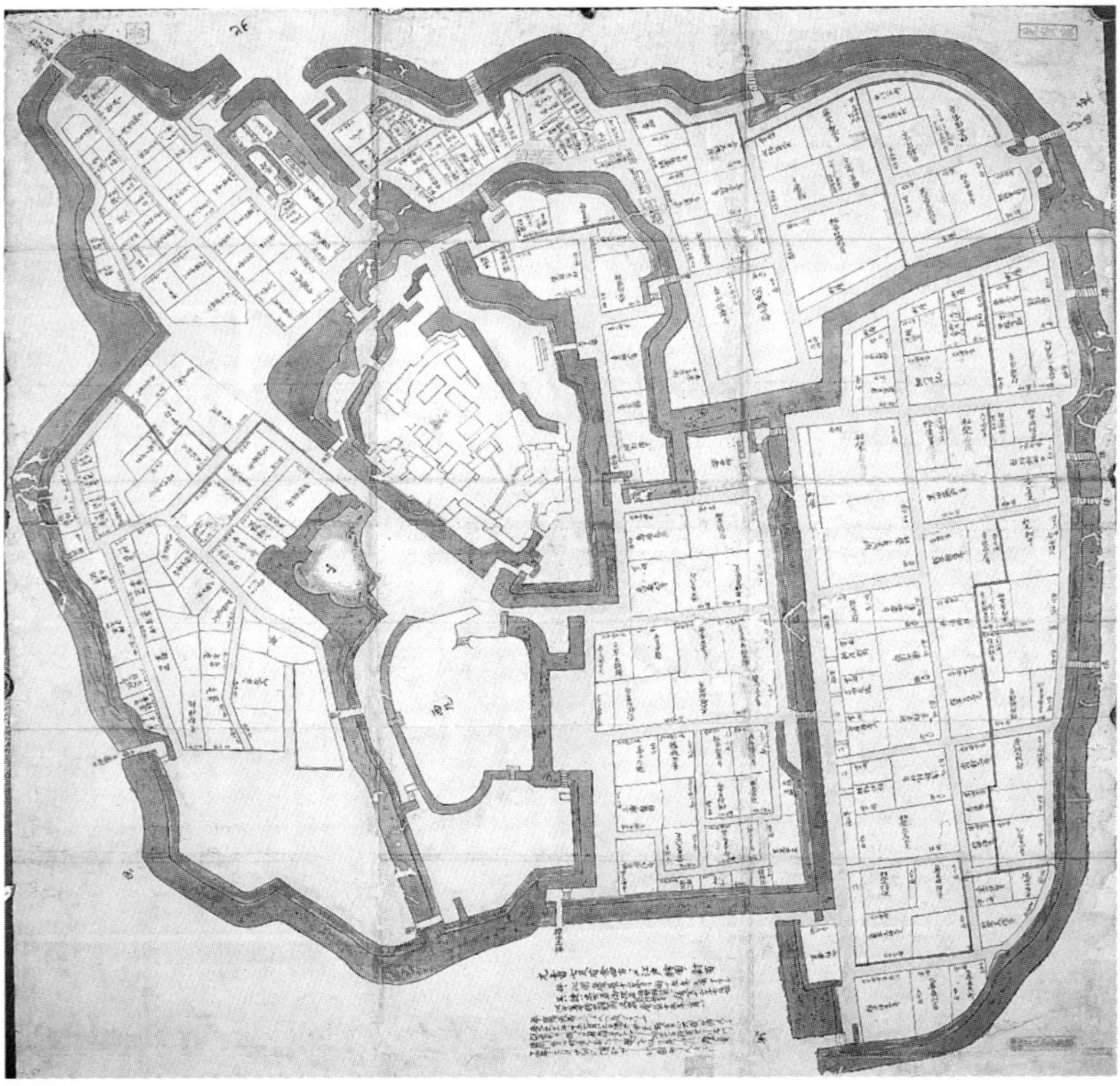

「慶長十三年江戸図」（東京都立中央図書館東京誌料文庫蔵）
家康時代までにでき上がった江戸城と城下町の姿をよく示している図である。図中央の本丸には天守台と思われるものや、大広間、白書院、黒書院などに相当する建物が見られる。

江戸城築城工事（作画＝中西立太）

城の工事は大きく、堀や石垣を造成する普請と、建物を建てる作事に分けられる。江戸城の作事は幕府御大工頭の中井正清を中心に行われたが、普請は全国の諸大名による天下普請で進められた。各大名は工事分担区域（丁場）を定め、堀を掘り、石垣を築いた。人夫たちがひしめきあって修羅で巨石を動かし、割石や材木などを運ぶさまは、まさに戦場であった。

せた大規模なものとなった。工事は諸大名を大動員した天下普請によって再開され、日比谷入江の埋め立てから始められた。翌九年には動員された大名たちによって本格的な城普請に向けての石材の調達が進められた。同十年には家康は将軍職を秀忠《ひでただ》に譲り、大御所となるが、引き続き指揮をとった。

江戸城の本丸部分の工事は慶長十一年三月一日から開始された。縄張《なわばり》は築城名手と謳われた藤堂高虎《とうどうたかとら》であった。早くも九月頃には本丸御殿もできていたようで、翌十二年には天守台に天守がそびえ立った。江戸城に三度造営された天守のうちの慶長度天守である。同十六年になると西の丸の石垣工事、十九年には本丸、西の丸、二の丸、虎の門までの外郭部東・西側の石垣の修築が行われた。

家康によってでき上がった江戸城と城下の状況は「慶長十三年江戸図」によって、おおよその姿を知ることができる。

●二代秀忠・三代家光の築城工事

二代将軍秀忠は、家康が礎を築いた将軍の城と城下町の充実を目指して、築城工事を続けた。まず元和《げんな》二年（一六一六）に城の北部に神田川を通す工事を行い、この結果、神田川は城の外堀となった。同八年からは本丸大改造工事が始まり、本丸御殿ができ、九年には元和度の天守が築かれた。

三代将軍家光《いえみつ》は、江戸城と江戸のいわば総仕上げを行った。寛永《かんえい》十二年（一六三六）には二の丸の拡張工事を行い、同十四年に本丸御殿が竣工、翌十五年には三度目の天守である寛永度天守が完成した。本丸御殿は同十六年に出火により焼失するが、ただちに再建された。外堀も総仕上げの築造工事がなされ、城と城下町を大きく取り囲む広大な外郭が完成した。

こうして、家康・秀忠・家光三代にわたる江戸築城は、寛永に至り、一応の完成を見たのであった。

（伊東龍一）

江戸城天守

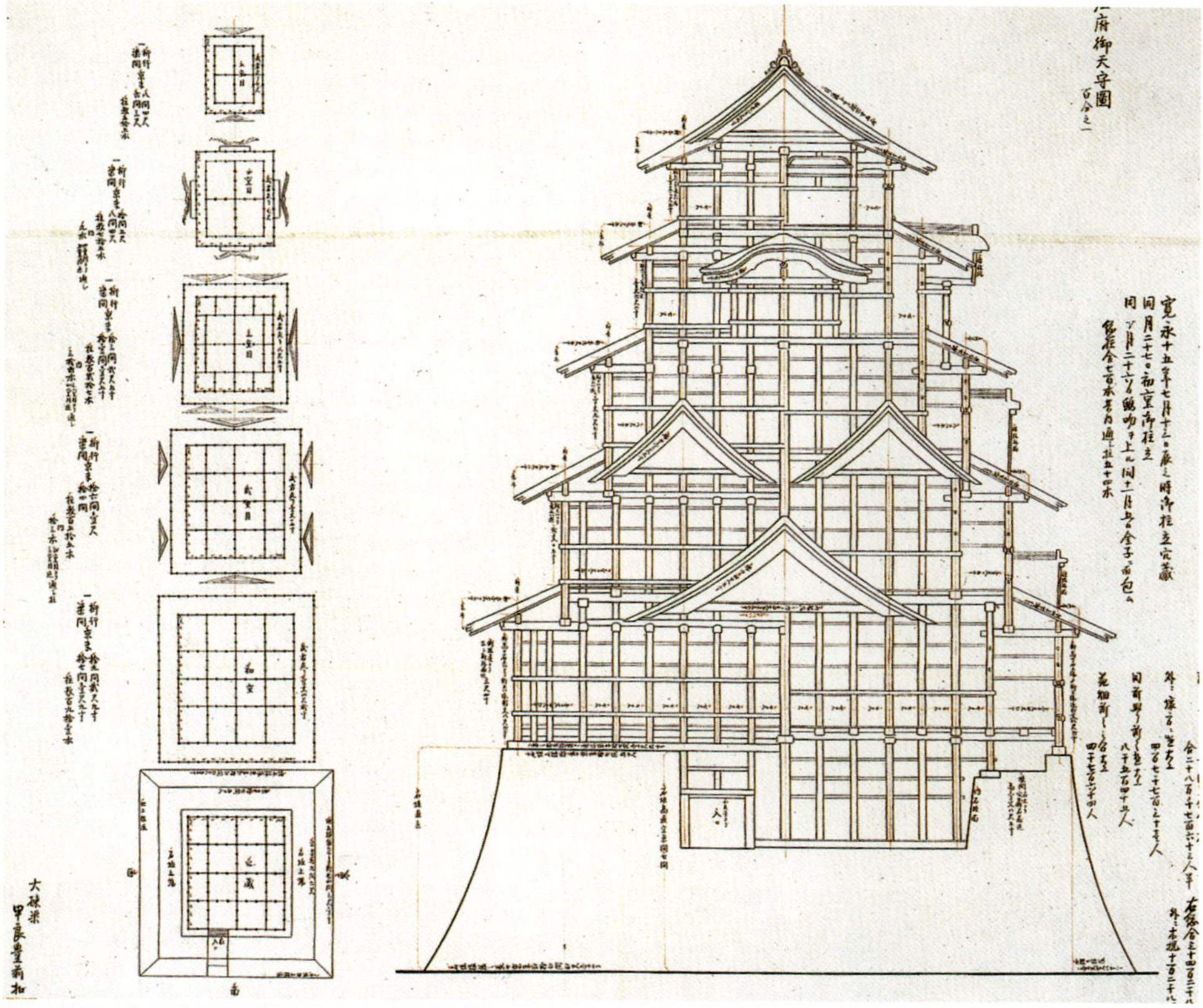

「江戸城御本丸御天守閣百分之一建地割」（東京都立中央図書館東京誌料文庫蔵）

慶長度、元和度、寛永度と３度造営された江戸城天守であるが、寛永度以外はおおよその外観形式や規模は推定できるものの、天守の詳細については不明な部分が多い。寛永度天守に関しては建築図が比較的よく残っており、本図もその中の一点である。右に天守断面図、左に天守各階の平面図を描く。外観五重、内部五階・穴蔵一階の層塔型天守で、石垣高さは京間７間、柱間は７尺を基準寸法としていた。各階の規模は一階が19間２尺９寸×17間１尺９寸、二階が16間１尺×14間、三階が13間２尺５寸×11間１尺５寸、四階が10間５尺×８間４尺、五階が８間４尺×６間３尺である（１間は京間〔６尺５寸〕で桁行×梁間で示す）。四重目には東西南北の四面に張出し部が付き、いずれも唐破風屋根がかっている。

江戸城寛永度天守断面復元図（考証＝平井　聖・作画＝藤田正純）

上の建地割図や他の東京都立中央図書館所蔵の古図をもとに復元した江戸城寛永度天守の断面復元図である。天守の外壁に見える上の長押から上部は「江戸城御本丸御天守閣建方之図」（11ページ）を見ると、初重の土壁の下地が描かれている点から白壁であろう。垂木についても「江戸図屏風」に描かれた元和度天守は漆喰で塗り籠められていることから推定して、おそらく小壁から一体に白い外観になっていたと考えられる。屋根および小壁下の壁面は、築造当時の確実な記録等はないが、寛永度を基本に作成されたと思われる正徳度再建案の天守立面図や他の史料などにより、屋根は銅瓦葺、壁は銅板で覆って黒色の塗料が塗られていたと考えられる。天守内の階段は正徳度の再建案とされる「〔江戸城〕御天守絵図」（国立公文書館内閣文庫）の平面図に記された階段に基づいている。

なお、東京都立中央図書館所蔵の図には描かれていないが、大熊家所蔵の「御本丸惣絵図」によれば、天守台南側には小天守台が付属していた。復元図の下中央にある天守入口の前に小天守台があり、ここを経て天守に入るようになっていた。

❶天守入口
❷穴蔵
❸一階
❹二階
❺三階
❻四階
❼五階
❽銅瓦
❾銅板
❿唐破風
⓫千鳥破風
⓬千鳥破風
⓭天守台

江戸城天守の構造

●三度造営された江戸城天守

徳川将軍の居城であり、幕府の牙城であった江戸城の天守は、権威の象徴として最高の格をもっていなければならなかったはずで、事実、少なくとも規模においては近世城郭中、最大の天守であった。

江戸城の天守は三度築かれている。最初の天守は慶長《けいちょう》十二年（一六〇七）に建てられ、徳川家康の「御好」を反映していると考えられる慶長度の天守である。二度目の天守は二代将軍秀忠《ひでただ》による元和《げんな》九年（一六二三）の元和度の天守で、最後は三代将軍家光《いえみつ》によって建てられた寛《かん》永《えい》十五年（一六三八）の寛永度天守である。天守の建っていた位置は、慶長度は本丸内中央よりやや西側であったが、元和・寛永度では本丸の最北部へと変わっている。寛永度天守は明暦《めいれき》三年（一六五七）の大火で焼失してしまうが、以後天守は再建されず、天守台だけの状態で幕末を迎えた。天守再建の計画が持ち上がったこともあり、正徳《しょうとく》三年（一七一三）には天守再建案も作成されたようであるが、実現には至らなかった。

●天守の姿

三つの天守は、基本的な規模においてはほぼ同じで、慶長・元和度の初重平面は東西一六間×南北一八間（一間は七尺）、寛永度は東西一六間四尺×南北一八間四尺であった。

しかし、江戸城天守の具体的な姿については、寛永度を除いて不明な点が多い。寛永度天守は「江戸城御本丸御天守閣百分之一建地割《たてじわり》」（九ページ参照）や「江戸城御本丸御天守閣建方之図」「江戸城御本丸御天守閣外面之図」（左ページ）などの姿図によって、その様相を知ることができる。これらの史料から分かる寛永度天守は、各層の逓《てい》減率《げんりつ》が一定で、屋根の層の数と内部の階数が一致する層塔《そうとう》型《がた》天守で、小天守や付櫓《つけやぐら》などを付属しない単立式である（ただし天守台の南に小天守台が設けられていた）。

慶長度あるいは元和度の天守を描いたと思われる建築図は、現在二枚が知られている。一点は中井家所蔵の建地割（端裏書に「江戸御天守」とある）で、もう一点は京都大学所蔵の旧中井家史料中の平面図（無題）である。中井家は、京都御所や二条城の築造工事を担当し、江戸初期には家康に従い、江戸における幕

現存天守台石垣

ここ本丸西北部には元和度天守と寛永度天守が建てられていた。天守台は天守の造営ごとに築き直されたが、現存する天守台は寛永度天守が明暦３年（1657）の大火で焼失した翌年に築かれたものである。北東から見る。

府の建設工事などに大工頭として携わった。したがって中井家所蔵の二枚の図は信頼性が高いといえる。

両図に描かれる天守は外観五重・内部五階の層塔型で、規模や破風《はふ》の形状が一致しており、同じものと考えられる。寛永度天守と異なる点は、四重目の四方にある張り出し部分の屋根の形態で、この両図では東西に唐破風《からはふ》、南北に千鳥破風《ちどりはふ》が載っているが、寛永度ではすべて唐破風である。

しかし、この天守が慶長度・元和度のいずれかについては、元和度天守であるとする内藤昌博士説、慶長度とする故宮上茂隆博士説など意見が分かれている。宮上博士は「江戸御殿守絵図」（津軽家文書、弘前市立図書館蔵）に描かれる姿をもって元和度天守と考えられた。その当否の判断は現段階ではむずかしい。今後、史料の発掘や入念な研究が必要とされる。

（伊東龍一）

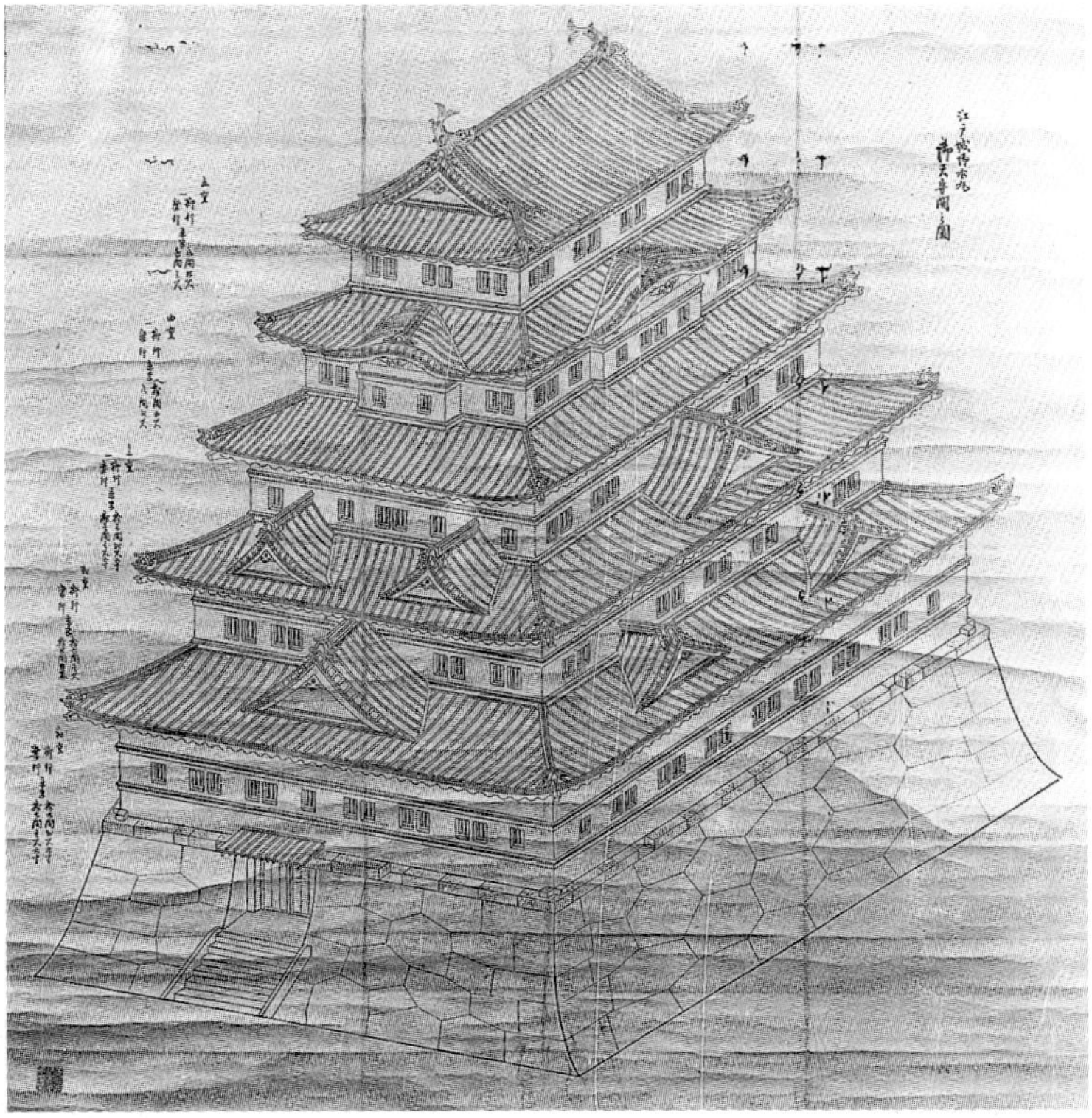

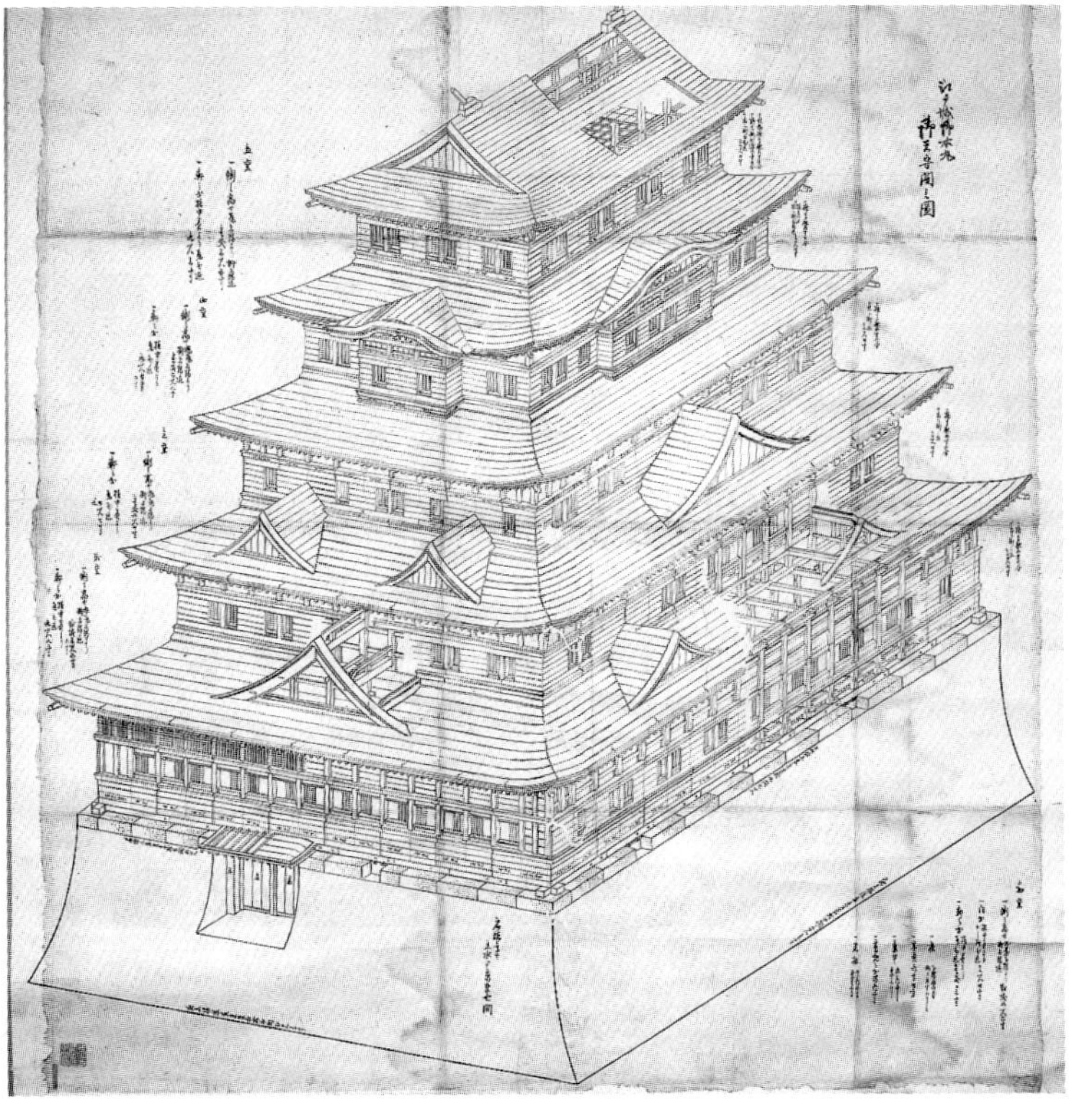

「江戸城御本丸御天守閣外面之図」（上）
「江戸城御本丸御天守閣建方之図」（下）
（ともに東京都立中央図書館東京誌料文庫蔵）
アイソメトリック図のような描法で寛永度天守を描いた姿図。層塔型天守は各階が規則的に逓減していくため、あまりに整然とした無表情な外観となる。屋根上に置かれた千鳥破風は、そうした変化の乏しさを補うためのものと考えられる。両図とも左下の石垣に設けられた天守入口のみで、その手前の小天守台は描かれていない。

古図で見る江戸城天守

「武州豊島郡江戸庄図」部分（東京都立中央図書館東京誌料文庫蔵）

各図が描く江戸の景観の年代については、「江戸図屏風」（左）は寛永10～11年（1633～1634）頃、「江戸名所図屏風」（右）は寛永６～７年頃と考えられている。「武州豊島郡江戸庄図」（上）は江戸時代の版行図で寛永９年の年紀をもっており、その頃の景観と思われる。こうした景観の年代から判断すれば、天守は元和９年（1623）造営の元和度天守ということになろう。ただし、いずれも絵画史料で、３点それぞれに天守の姿は異なっており、どこまで事実に近いかは不明である。しかしながら天守四階の四面に張出し部が設けられ、東西に唐破風、南北に千鳥破風の屋根がかかるという共通点がある。これは四階が四面とも唐破風屋根になっている寛永度天守とは違い、元和度天守の可能性が高いと考えられるのである。

◀「江戸図屏風」天守部分（国立歴史民俗博物館蔵）「江戸名所図屏風」天守部分（出光美術館蔵）

御的御稽古之所

御本丸

御鷹部屋

平川口御門

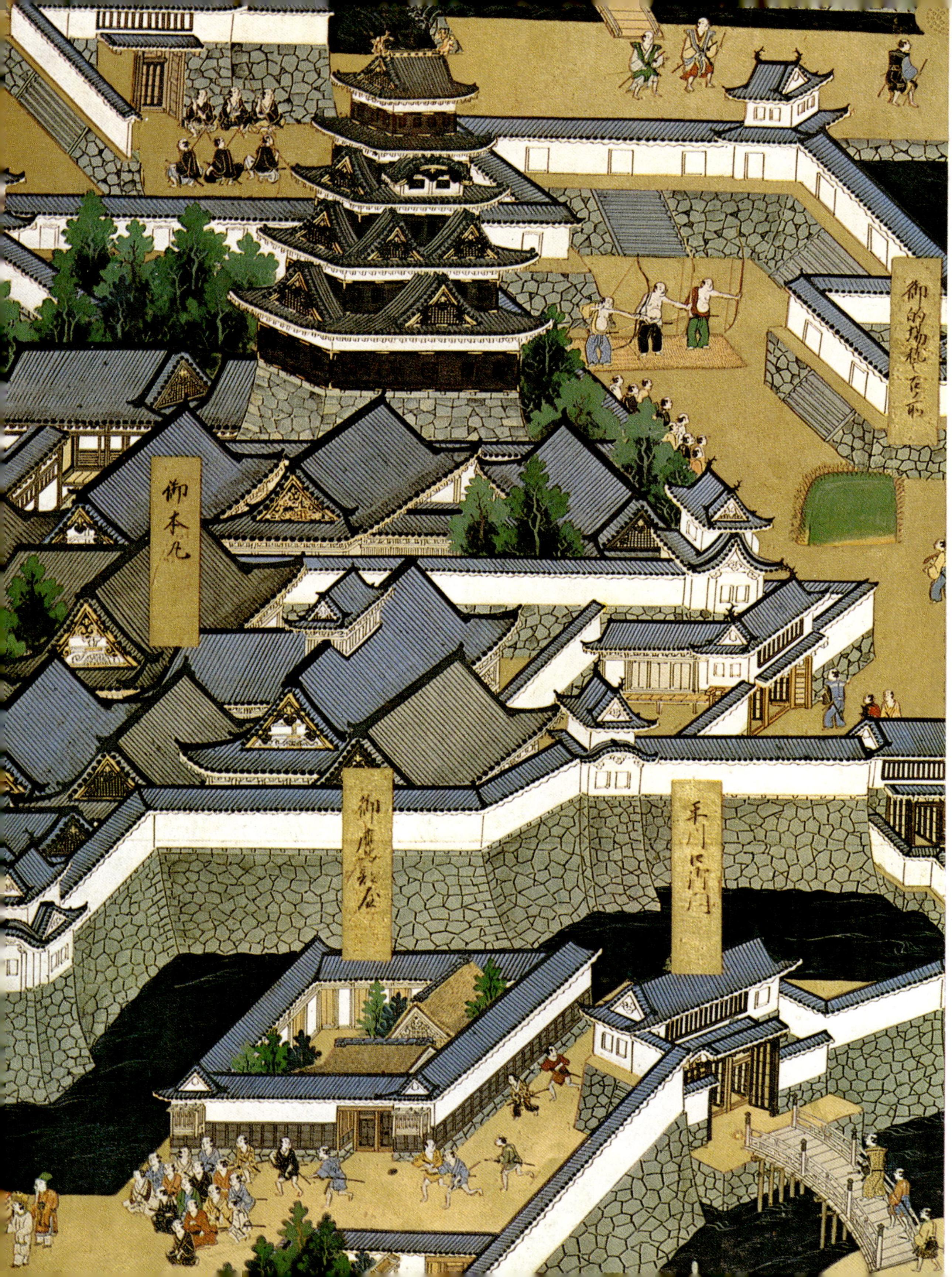

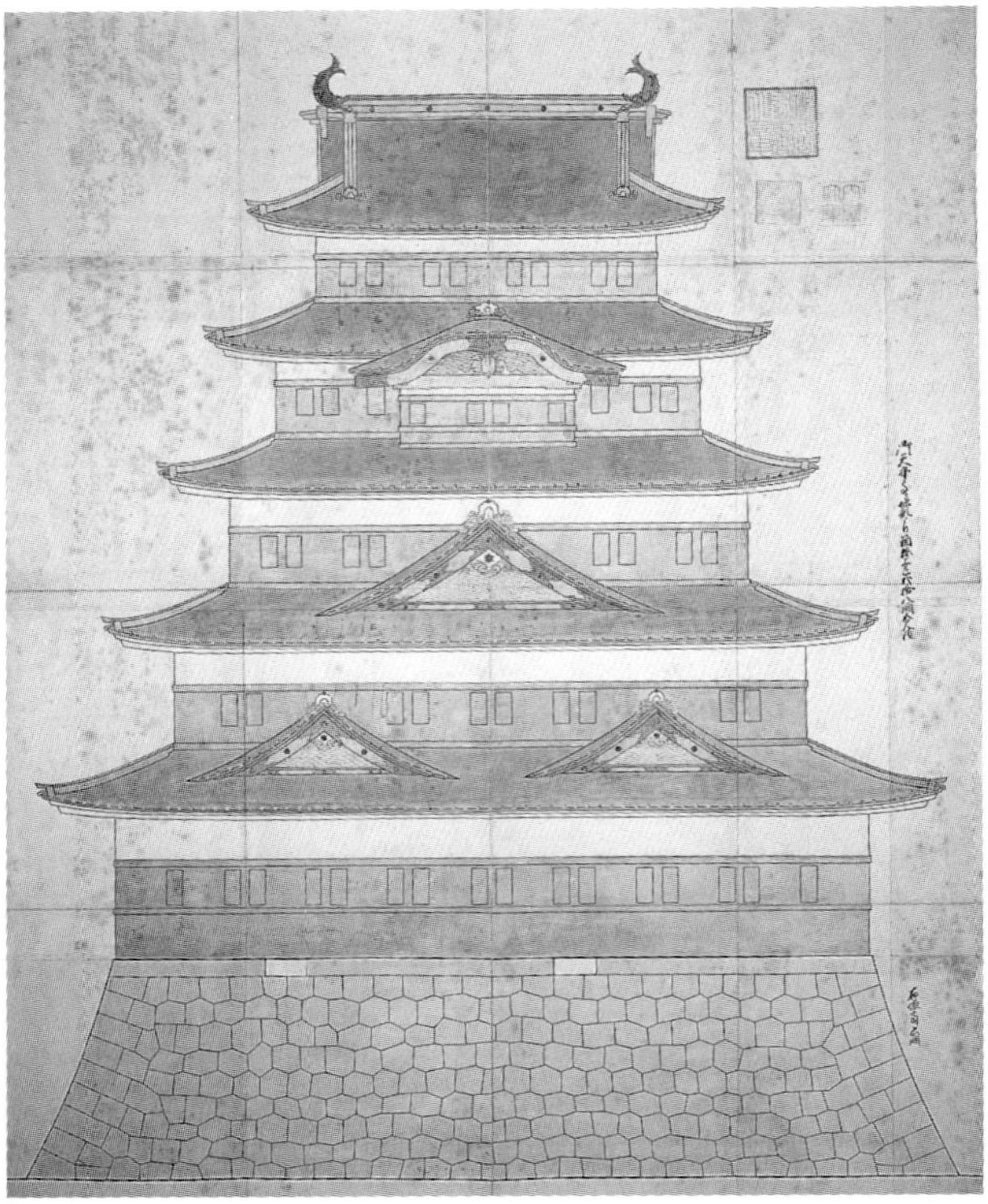

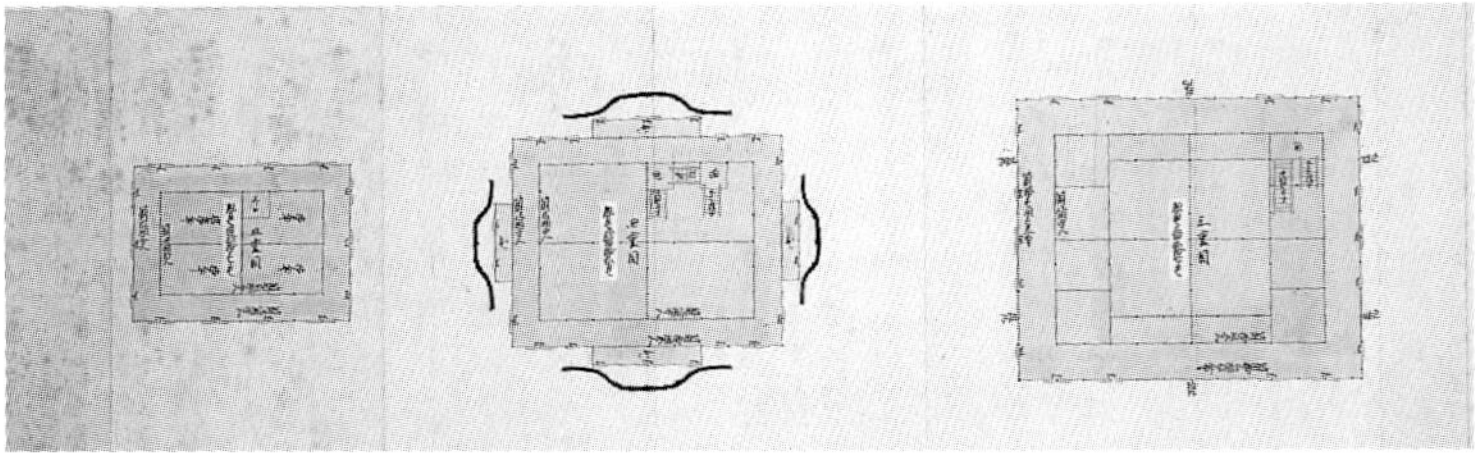

五重（五階）　四重（四階）　三重（三階）

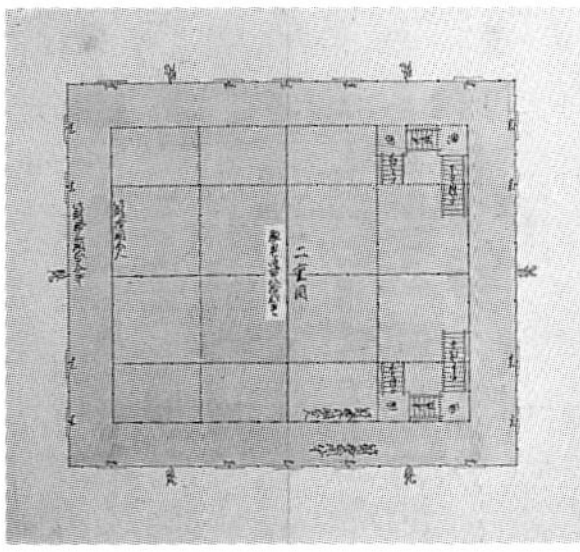

二重（二階）

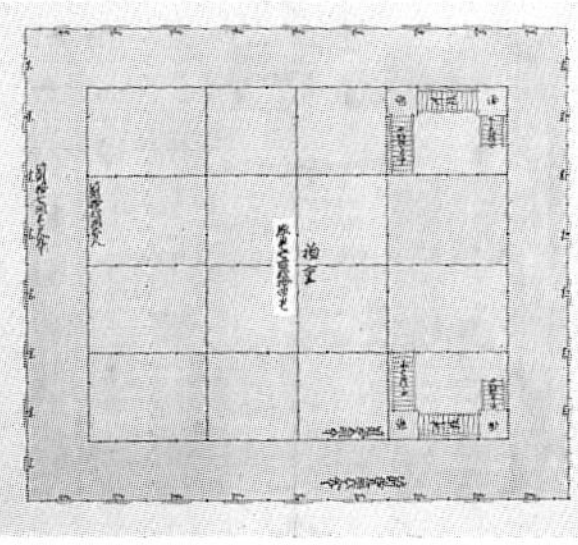

初重（一階）

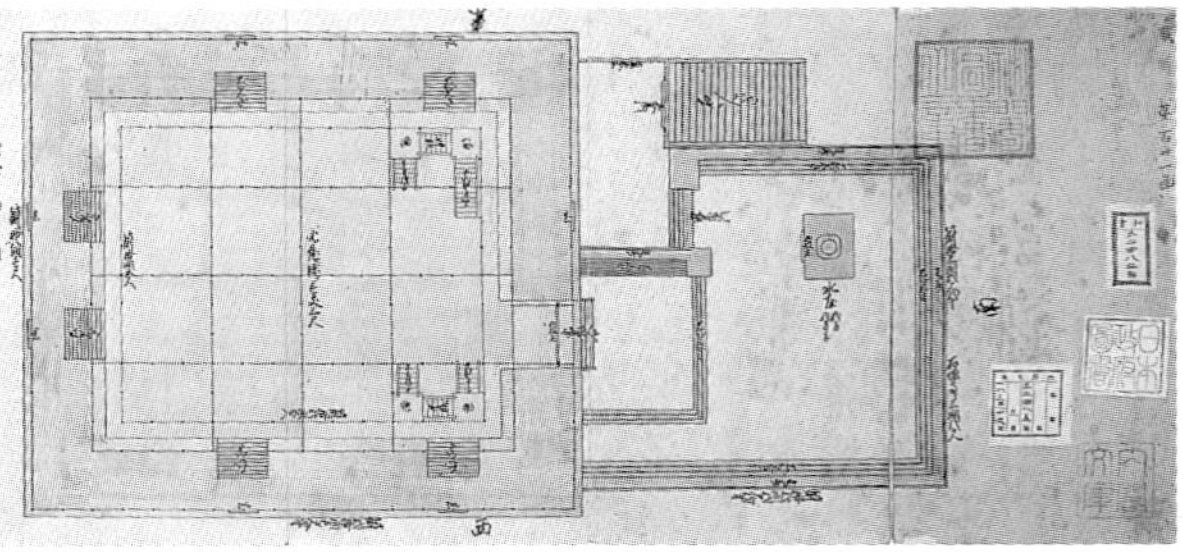

穴蔵

「〔江戸城〕御天守絵図」（国立公文書館内閣文庫蔵）

寛永度天守に極めて似た正徳度の天守再建案と考えられる。上２点は立面図、下２点は平面図で対になる。立面図中の天守台石垣の右に「石垣高六間」との記載が見られる。これは、明暦の大火（1657年）による寛永度天守の焼失後、前田家により行われた天守台築造により、高さが７間から六間へと低くなったことと一致している。下２点の平面図は石垣内部の穴蔵と一階～五階までの平面が、階段位置まで含めて示されている。本史料は寛永度天守の構造を推定する上でのよい史料である。

「江戸御城御殿守横面之絵図」（右）・「江戸御城御殿守正面之図」（左）（東京都立中央図書館東京誌料文庫蔵）
右ページの図と同じく、正徳度の天守再建案図。ただし右上図とは天守や石垣のプロポーションに違いがあり、また各窓や入口の位置が不正確である。濱島正士氏が指摘しているように、作成者は大工ではなく、絵師であると考えられる。

南東上空から望んだ江戸城天守台
現存する天守台は明暦の大火後の築造である。天守台手前の小天守台は文久元年（1861）の改造によって二段になった。

江戸城本丸［寛永度］

復元＝中西立太

元和９年（1623）に三代将軍の地位についた徳川家光は、家康、秀忠と続いた江戸城の築造工事を引き継ぎ、秀忠の隠居所・西の丸御殿の造営（寛永元年〔1624〕）、二の丸の拡張工事（寛永12〜20年）などを行い、寛永15年（1638）には寛永度天守を築いて本丸を完成した。ここに江戸城はゆるぎなき徳川政権の拠点、天下の府城となったのであった。北西部に立つ天守を中心に、櫓が周囲を固め、本丸御殿が本丸敷地いっぱいに建ち並ぶ威容を推定復元した図である。

本丸御殿の構成

●表・中奥・大奥で構成された本丸御殿

　江戸城の内郭部は、本丸、西の丸、二の丸、三の丸、吹上、北の丸などの各曲《くる》輪《わ》から構成されていたが、広大な庭園となっていた吹上を除いては本丸が最も広い面積を有していた。本丸には徳川将軍の居所であり、幕府の政庁であった本丸御殿があり、その周囲を富士見三重櫓、書院二重櫓、台所前三重櫓、数寄屋《すきや》三重櫓や多聞櫓《たもんやぐら》などが囲んでいた。また、明《めい》暦《れき》の大火（一六五七年）以前には天守も本丸北部にそびえ立っていた。

　本丸御殿の構成は、ごく初期については不明であるが、いずれの時期においても、表・中奥・大奥の三つの区域が南から順に配置されていた。

　表は将軍の謁見などの公的な儀式・行事と、諸役人の執務の場であった。大広間は表の中でも最高の格式を誇った対面の殿舎で、白書院《しろしょいん》がこれに次いだ。中奥は将軍の私的空間の場で、また将軍はここで政務も執っていた。将軍が日常生活の場とした黒書院《くろしょいん》、御座《ござ》の間《ま》、御休息などの殿舎があったが、その中で黒書院は表向の格式をもつものであった。大奥は、将軍夫人（御台所《みだいどころ》）や女中などの生活の場であった。中奥とは御鈴廊下《おすずろうか》と呼ばれる廊下のみで結ばれていた。大奥は大きく分けて、将軍夫人の居室を中心とする御殿向（大奥の西側）、大奥の諸務をとり行う広敷向《ひろしきむき》（東側）、女中の居室が連なる長局向《ながつぼねむき》（北側）の三つの区域からなっていた。

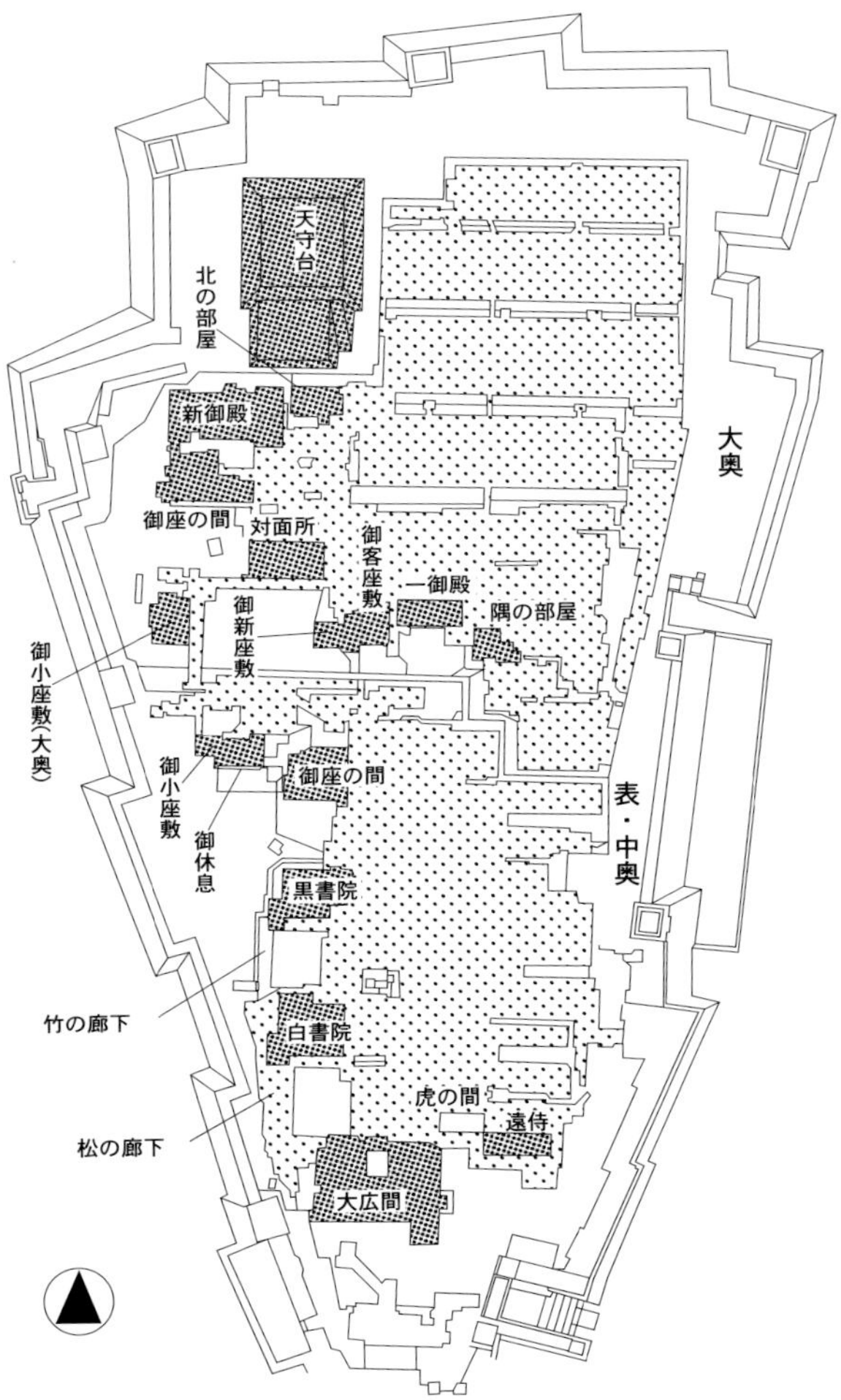

江戸城弘化度本丸御殿平面図

●本丸御殿の歴史

　本丸御殿の最初のものは慶長《けいちょう》十一年（一六〇六）九月に完成している。大広間など将軍が対面に用いる殿舎はすでに設けられていたようである。次の元和《げんな》八年（一六二二）十一月に完成した本丸御殿では、大広間の他に小広間、白書院、黒書院、御座の間などの殿舎があったと思われる。寛永《かんえい》十四年（一六三七）に造営された御殿は、あまりに華美であると家光《いえみつ》の怒りをかって、改造されたが、同十六年に焼失した。ただちに再造営されて同十七年に完成した。この時の御殿平面を描くのが大熊家所蔵「御本丸惣絵図」で、本丸御殿の平面を描く図中で最古のものである。この御殿では、以後に継承される本丸御殿の構成の基本ができており、

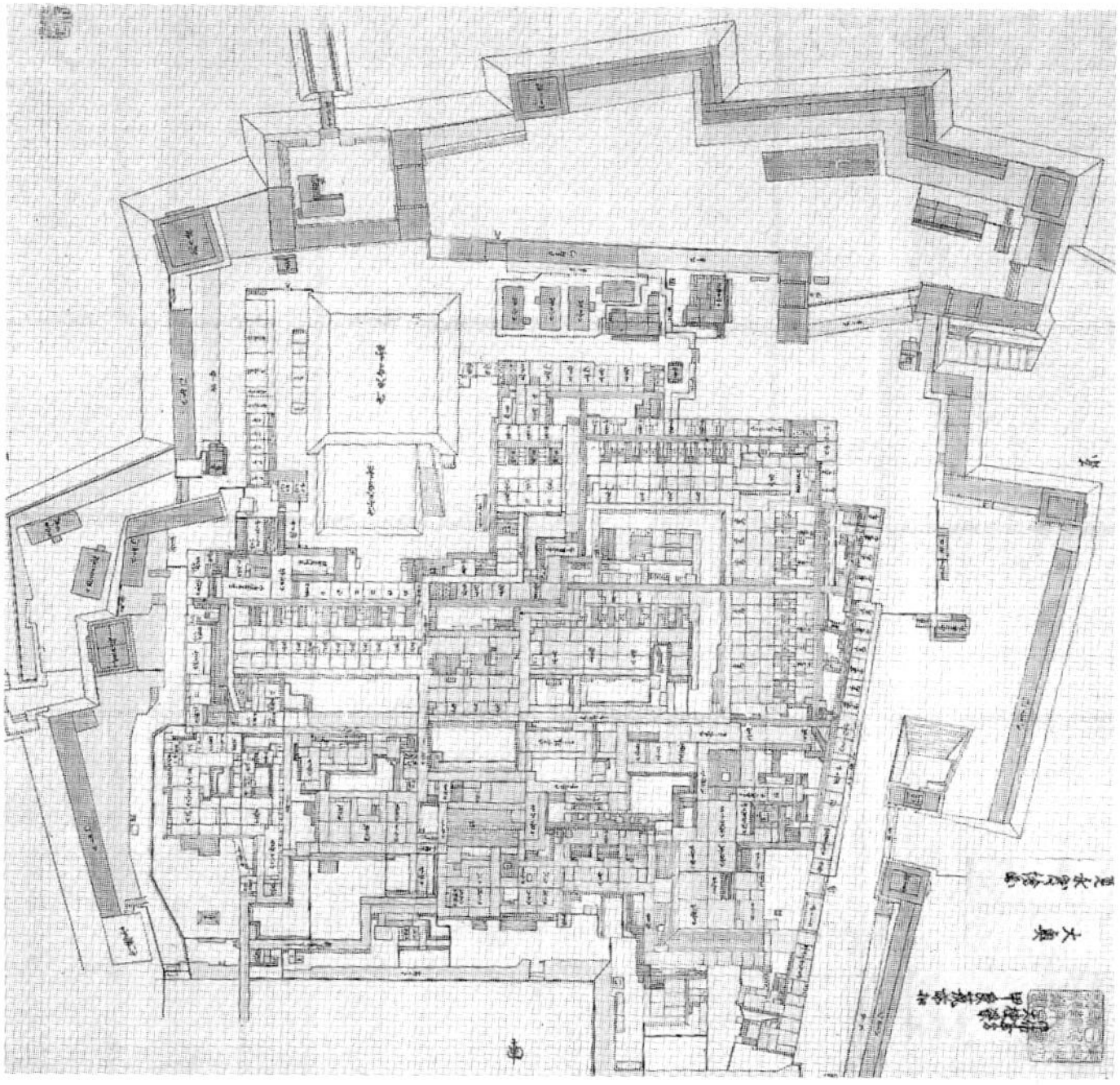

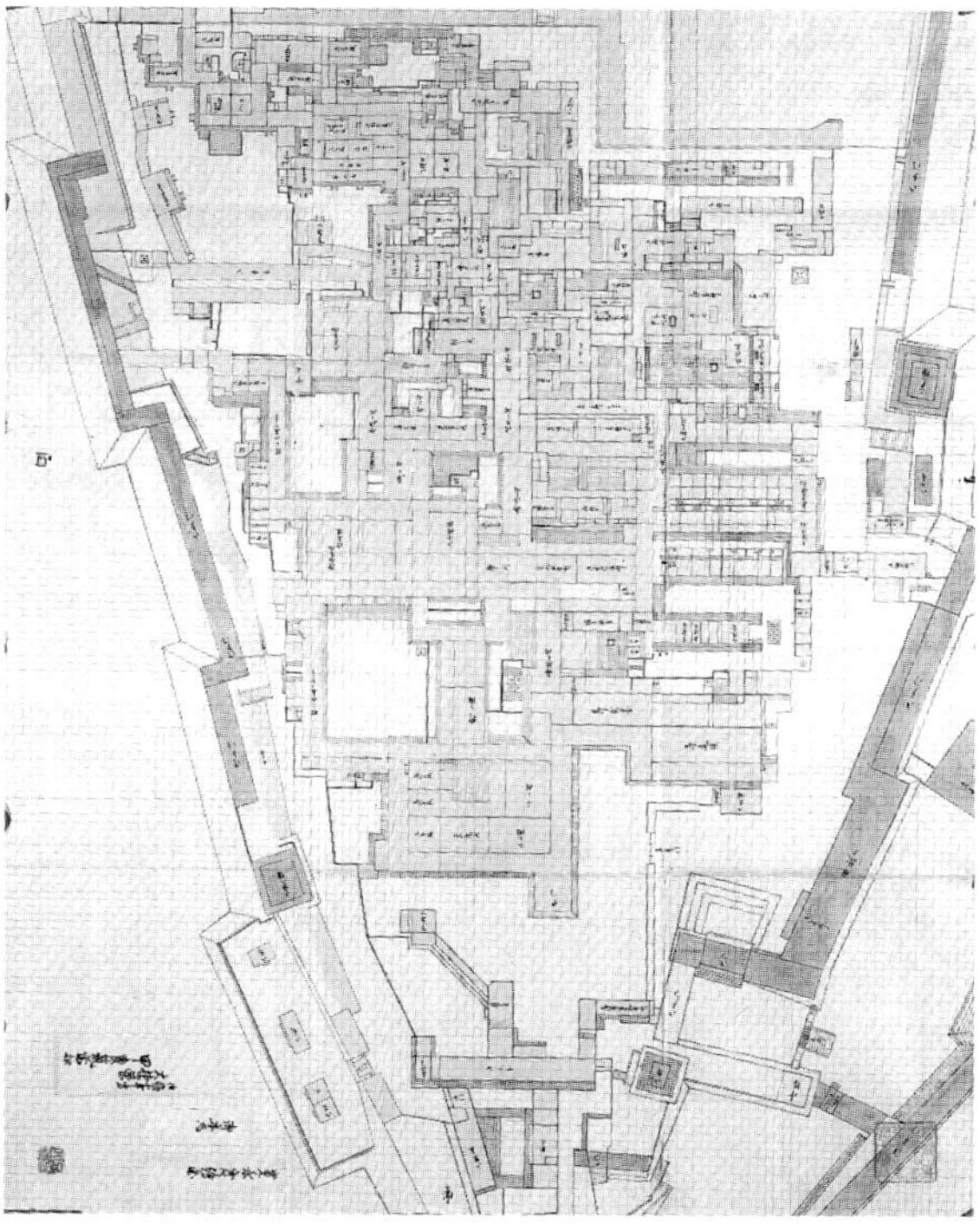

「寛永度絵図　大奥」（上）・「御本丸寛永度絵図」（下）
（東京都立中央図書館東京誌料文庫蔵）
寛永17年造営の本丸御殿が明暦の大火で焼失したため、再建された万治度本丸御殿の表・中奥（下図）と大奥（上図）である。２枚の図は図面の縮尺、彩色、文字の記入法などが同じであることから、一対になる図であると見て問題ない。ただ図に付箋で示された「寛永度」に関しては、御殿の構成が寛永度御殿を描いた他の図よりも、万治度御殿を描いた図との共通点が多く、本図も万治度御殿の平面図と考えられている。推定ではあるが、万治度御殿の初期の状況を描いた図であろう。中奥に寛永度御殿にはなかった舞台が見られ、中奥と大奥を仕切る石垣が南東部で折れて、大奥が南に張り出している。また長局が天守台南から東にかけての部分と、中奥への張出し部分に設けられて、その数が増加したことなどが分かる。

特に表と中奥の各殿舎の平面構成や配置はすでに整っている。

寛永十七年度の御殿も天守とともに明暦の大火で焼失、万治《まんじ》二年（一六五九）に万治度御殿が完成する。万治度御殿は、先に述べたように寛永十七年度御殿の構成を継承しながらも、いくつかの変更点が見られる。表では大広間の中央に位置していた闇の間が中庭となり、中奥の御座の間と御休息が整えられた。これは以後の弘化《こうか》度・万延《まんえん》度に受け継がれる。

また、大奥では長局部分が増加し、また南東部で台所が中奥側に張り出し、中奥と大奥の仕切塀もこの部分で屈曲する形となった。

万治度御殿は天保《てんぽう》十五年（一八四四）に焼失したため、弘化二年（一八四五）に弘化度御殿が造営された。万治度御殿からの変化は、中奥と大奥を結ぶ御鈴廊下が上下の二本となり、大奥では北西部に新御殿が設けられたこと、対面所が北へ移され、その南側の下御鈴廊下に接する形で御客座敷、新座敷が設けられた点などである。また中奥にも細かい変更が見られる。

弘化度御殿は安政《あんせい》六年（一八五九）に焼失、万延元年（一八六〇）に再建されたのが万延度御殿で、この御殿が最後の江戸城本丸御殿となった。中奥と大奥の一部を除き、弘化度御殿を踏襲した。（伊東龍一）

江戸城二の丸

寛永14年（1637）頃の二の丸御殿を描いた図である。全体として城内の別邸・別荘といった風雅な趣をもつ御殿であった。白鳥堀の水舞台、築山に設けられた小亭、御座の間から奥の御小座敷へ渡る露天の廊下や、また池を配した御小座敷など数寄を凝らした構成となっていた。北東隅には周囲に水を巡らした銅瓦葺の御文庫があり、ここには家康以来収集した古今東西の書籍などが収められていた。図中、（　）をつけた建物名は内藤昌博士による推定である。

復元＝中西立太

(台所)
伺公の間
御対面所
表玄関
(小書院)
(黒書院)
(釣殿)
御座
(鎖の間)
水舞台
(桟敷)
表長屋門
露地部屋
三の御門
百人番所(現存)
内追手橋

二の丸御殿の構成

●寛永十三年度造営の二の丸御殿

二の丸御殿は将軍の別邸あるいは世継ぎの御殿として設けられたものであった。寛永《かんえい》七年（一六三〇）には茶屋や泉水を中心とした二の丸御殿の造営工事があったようで、寛永十一年頃には舞台や楽屋などの施設が存在したことも分かるが、詳しいことは不明である。同十二年頃になると二の丸の拡張が行われ、本丸との境にあった堀を埋めて白鳥堀《しらとりぼり》を残すのみとし、三の丸側に大きく張り出す形になった。

そして寛永十三年六月に竣工した二の丸御殿は、対面所などの表向の施設を極めて簡略化、水舞台や御茶屋などを設けた遊興性の強い御殿であった。水舞台は二の丸御殿の最も南側に位置し、白鳥堀の中に設けられていた。観能のための桟《さ》敷《じき》が堀を挟んで造られ、桟敷から堀に突き出した施設もあり、内藤昌博士は釣殿《つりどの》と推定されている。水舞台周辺の一郭から北側にかけては、いわゆる通常の御殿の建物群が並んでいたが、二の丸の東側には池水や築山、御茶屋、学問所などの施設があり、水舞台とともに、本丸・西の丸とは異なる二の丸のいかにもくつろいだ雰囲気を表していた。同十四年には、本丸天守下にあった東照宮が二の丸西北部に移されている。

●寛永二十年度の二の丸御殿

特色ある構成の寛永十三年度の二の丸御殿であったが、五年後の同十八年には新たな二の丸御殿の造営が開始された。火災のため工事は一時中断されたものの、寛永二十年に御殿は完成した。これが世子竹千代（四代将軍家綱《いえつな》）の二の丸御殿であった。先の寛永十三年度の御殿とはやや趣を変えて、本丸御殿を簡略化した対面の施設を中心とする形式の御殿となっていた。

その構成を入口から順に追うと、玄関は最南端にあり、入ると遠侍《とおざむらい》があった。遠侍の北に書院があり、その北には、書院と規模や構成のよく似た御座《ござ》の間《ま》が設けられていた。御座の間の南庭には舞台があった。北東に御休息、御小座敷と続

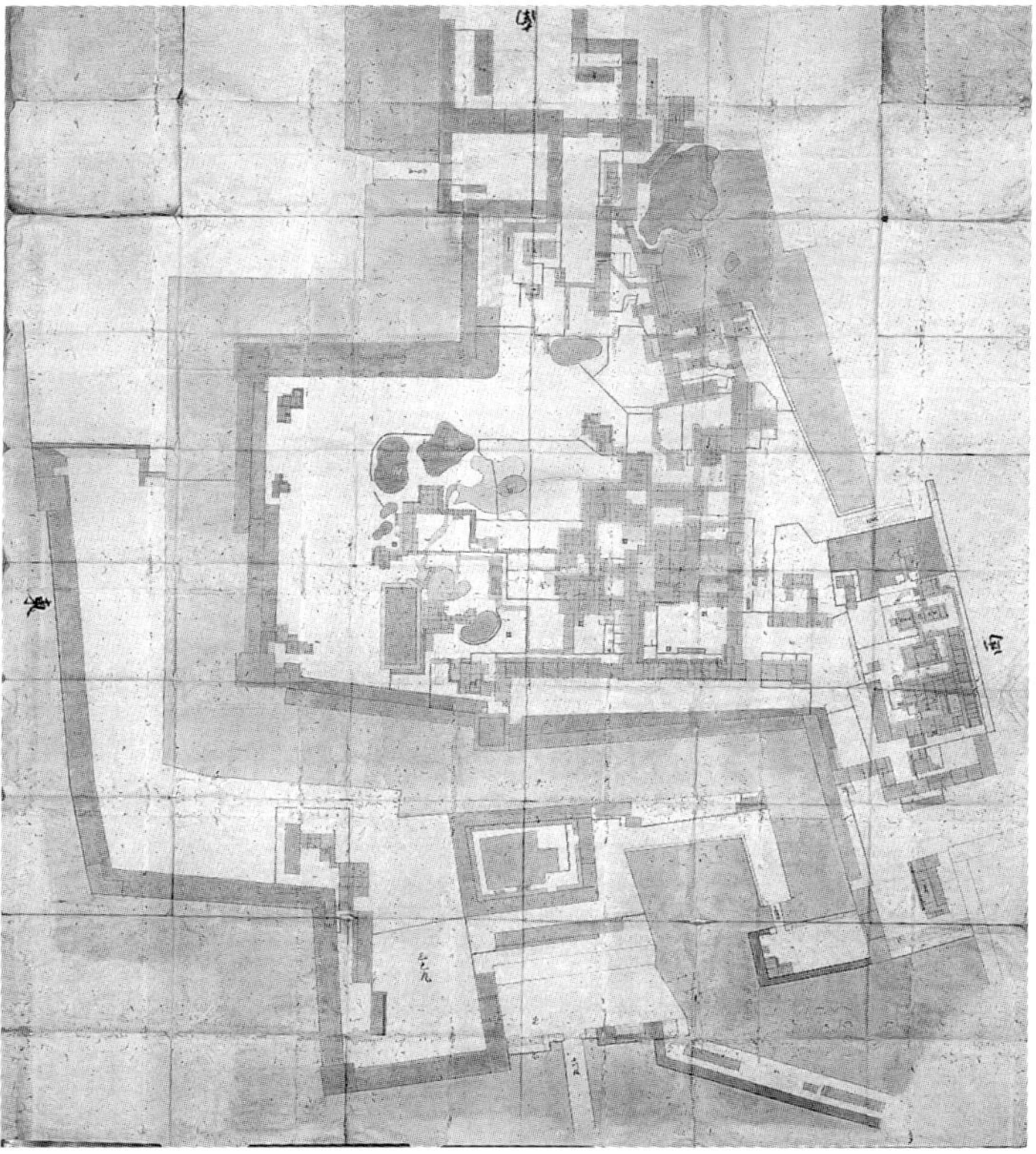

「二之御丸指図」（東京国立博物館蔵）
寛永13年竣工の二の丸御殿の全体平面図。表向の建物を簡略化し、水舞台や多くの御茶屋と見られる建物があるなど、遊興性を重要視した御殿であった。図の題簽には「寛永十二亥年」とあるが、二の丸東照宮（寛永14年上棟）が見られるので、ほぼその時期の状況を描く図とされている。

二の丸水舞台（復元＝中西立太）

二の丸の水舞台周辺は現在では、石垣と水堀のみがひっそりと残る静かな一画であるが、当時、広大な江戸城域の中でも、特に景観に優れた場所であったと思われる。白鳥の遊ぶ堀に白亜の影を落とす三重櫓（台所前三重櫓）、濃緑の松樹と奇岩白砂の中の島、木立の向こうに遠望できる小櫓群などの眺め、それらをしめくくるに最も ふさわしい位置に水舞台は造られていた。盛夏の夕べなど、水上で演じられる能の光景は人々の目に焼きついたことであろう。

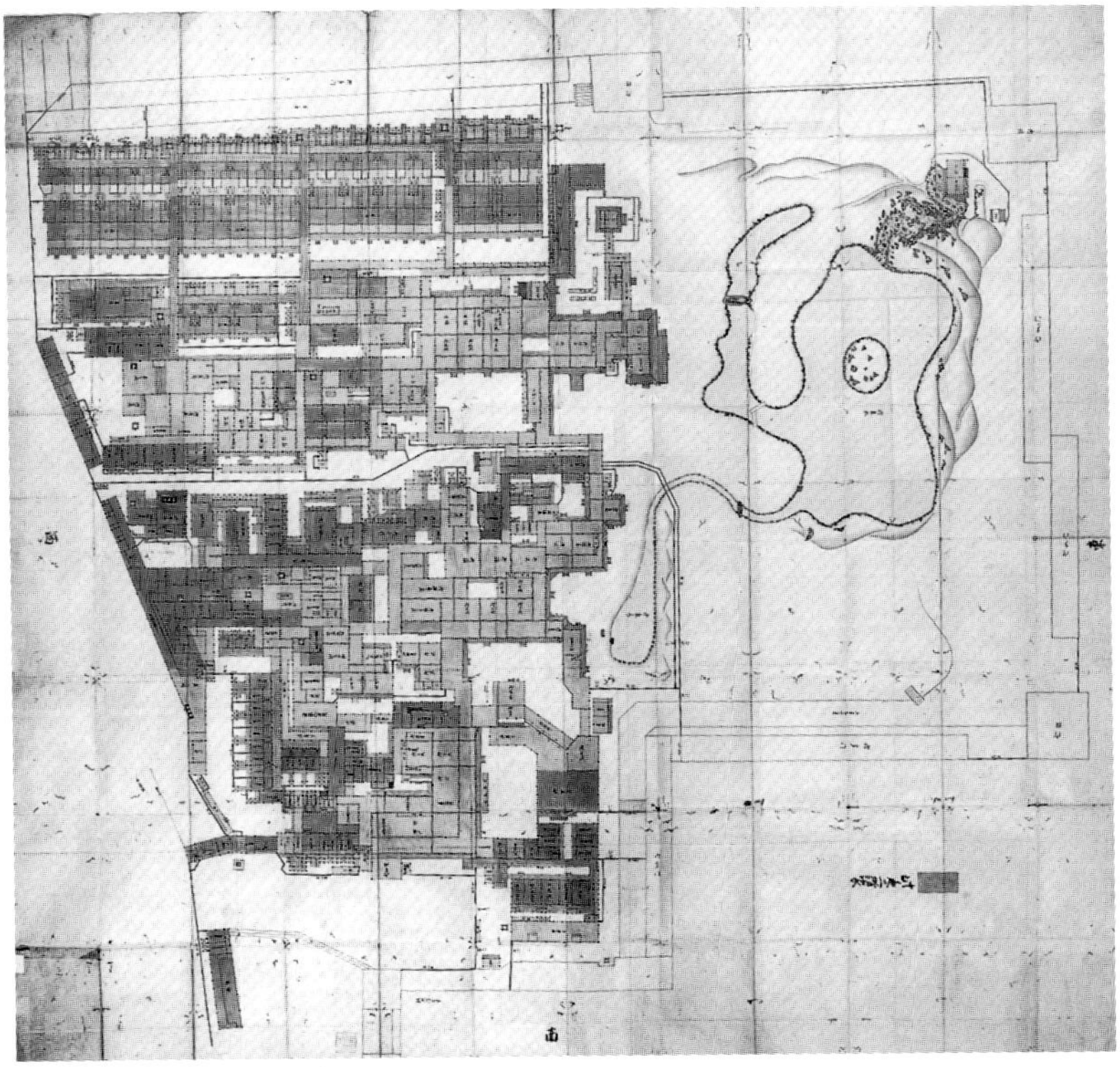

「（江戸城）二丸御絵図」（国立公文書館内閣文庫蔵）

寛永13年度造営の二の丸御殿に替わって、寛永20年に完成した世子竹千代のための二の丸御殿の平面図である。

き、ここまでが表向で、御休息の北側から延びる二本の廊下で奥向と結ばれていた。廊下を通って最初の殿舎が大奥対面所で、大奥で最も大きな殿舎であった。対面所の東に御休息と御小座敷、その西側に広敷《ひろしき》、北側に長局があった。奥向の小座敷の東に中島の浮かぶ大きな池があり、池の東北には御茶屋がしつらえられていた。

なお、小座敷の北に正保《しょうほ》元年（一六四四）に造営された東照宮があり、寛永十四年に本丸より移されたものと合わせて、この当時は二の丸には二つの東照宮があった。このうちの一つは承応《じょうおう》三年（一六五四）に紅葉山東照宮に合祀された。

その後、二の丸御殿の造営は宝永《ほうえい》元年（一七〇四）や宝暦《ほうれき》十年（一七六〇）にも行われるが、御殿構成は基本的には、寛永二十年度の御殿を簡略にしたものであった。

（伊東龍二）

●鳥瞰江戸城

二の丸
57
56
55
54
53
52
51
49
48
47
40
50
12
3
2
45
46
24
26
41
7
25
4
6
42
5
29
27
28
43
44

江戸城弘化度本丸・二の丸復元図（考証＝平井 聖・作画＝藤田正純）

南西上空から江戸城本丸御殿と二の丸御殿を望んだ図である。万治度御殿が天保15年（1844）に焼失した後に再建されたもので、弘化２年（1845）に完成した。しかしこの御殿もわずか４年後の安政６年（1859）には焼失してしまう。御殿構成や主な殿舎の平面については、万治度以降の御殿は基本的には寛永17年度造営の御殿を踏襲している。しかし、建物数は増加していき、この弘化度御殿でピークを迎えた。本丸向こうの一段低い部分が二の丸である。この当時の二の丸御殿は宝暦頃に造営された、簡略化された構成のものである。

❶天守台 ❷玄関 ❸遠侍 ❹大広間 ❺能舞台 ❻松の廊下 ❼白書院 ❽竹の廊下 ❾黒書院
❿御座の間 ⓫能舞台 ⓬台所 ⓭大奥御小座敷 ⓮大奥対面所 ⓯大奥御座の間 ⓰新座敷 ⓱御客座敷 ⓲一の御殿
⓳御広敷 ⓴一の側長局 ㉑二の側長局 ㉒三の側長局 ㉓四の側長局 ㉔書院（中雀）門 ㉕書院二重櫓 ㉖書院出櫓 ㉗富士見三重櫓
㉘宝蔵 ㉙数寄屋二重櫓 ㉚西桔橋門 ㉛乾二重櫓 ㉜北桔橋門 ㉝五十三間二重櫓 ㉞梅林二重櫓 ㉟上梅林門 ㊱下梅林門
㊲汐見太鼓櫓 ㊳汐見坂門 ㊴汐見二重櫓 ㊵台所前三重櫓 ㊶新門 ㊷下埋門 ㊸蓮池門 ㊹蓮池二重櫓 ㊺寺沢二重櫓
㊻寺沢門 ㊼百人二重櫓 ㊽大番所（百人番所） ㊾三の御門 ㊿中の門 51銅門 52白鳥堀 53二の丸御殿 54巽三重櫓
55東三重櫓 56北三重櫓 57三の丸喰違門 58平河門 59竹橋門

江戸城跡を望む

現在の皇居を東方上空から見る。写真ほぼ中央の新宮殿が建つ部分がかつての西の丸で、新宮殿右下の宮内庁舎を含めて右上の一画が紅葉山である。紅葉山には歴代将軍の霊廟があった。西の丸北方に広がる広大な緑は、江戸城の庭園であった吹上。現在は吹上御殿や宮中三殿などが建つ。西の丸右下がかつての江戸城の中枢部をなした本丸である。本丸の敷地を埋めつくしていた本丸御殿も今はなく、北東部に天守台石垣が残るのみである。本丸から手前一段低くなったところが二の丸、三の丸であった。本丸以下二の丸と三の丸部分は、現在は皇居東御苑として一般に開放されている。

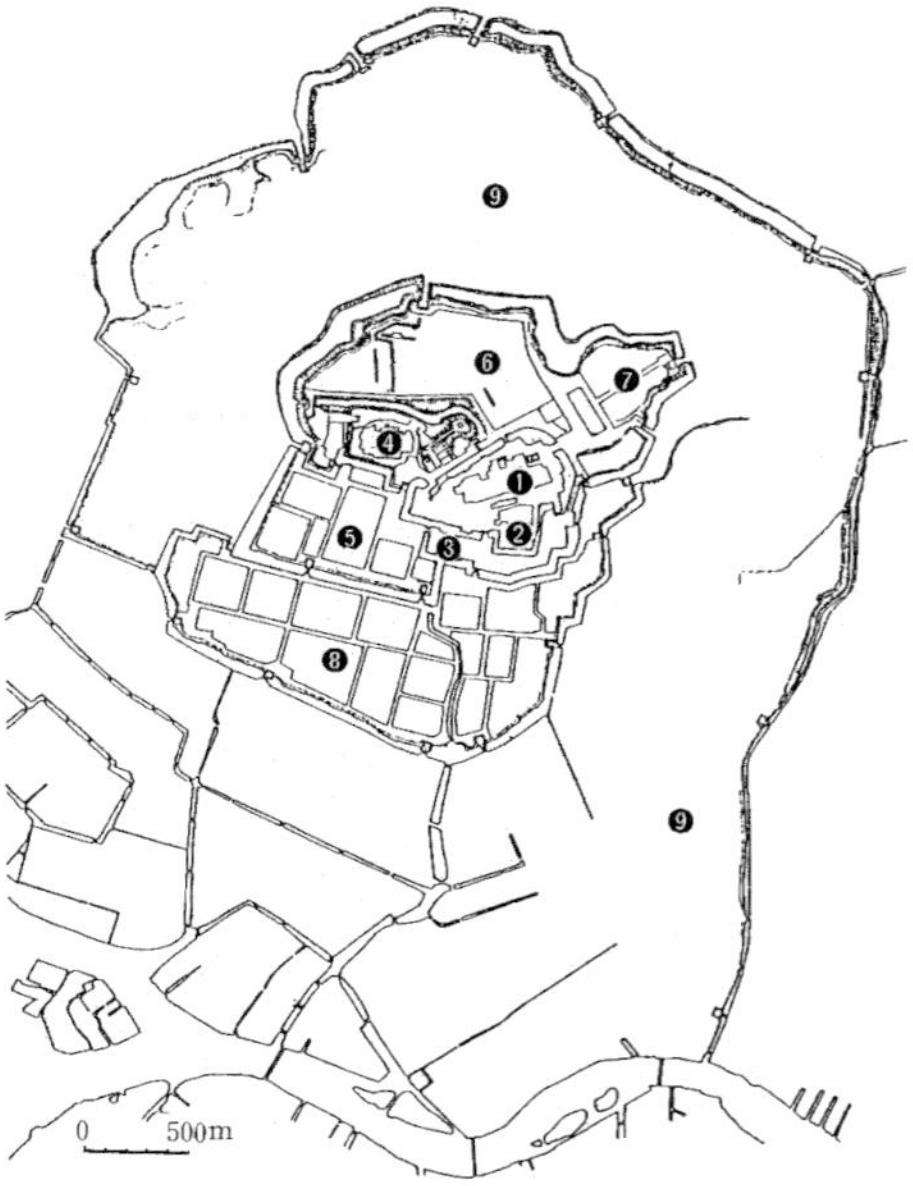

❶本丸
❷二の丸
❸三の丸
❹西の丸
❺西の丸下
❻吹上
❼北の丸
❽大名小路
❾外曲輪

富士見櫓　本丸の最高所に建つ。本丸に幕末期まで残った唯一の三重櫓で、天守焼失後は天守の代用ともされた。「八方正面」の櫓と称される均整のとれた美しい櫓である。関東大震災で倒壊したが、旧状通りに復元された。

大手門
築城当初より三の丸の東側中央に構えられおり、二の丸、本丸への入口を扼した重要な門であった。塁線の横矢掛かりを生かした外桝形門で、右折れに厳しく櫓門を構えている。櫓門は戦災焼失後の再建である。

伏見櫓・十六間多聞櫓・十四間多聞櫓
多数の櫓が林立していた江戸城であるが、西の丸においては、隅櫓は伏見櫓一棟のみであった。下乗橋（現在の二重橋）側で十四間多聞櫓、吹上側で十六間多聞櫓と近接している。櫓台は石垣上に土塁をのせた鉢巻石垣の形態をとる。

外桜田門
西の丸下の西南部にある門。桝形の北面を開放しているのは、堀の対岸の的場曲輪からの攻撃を意図したもの。桝形門の現存遺構として貴重である。

半蔵門
吹上西面に位置する。かつては右折れに櫓門を置く内桝形門であったが、今は高麗門だけが残る。門名は寛永年間（1624〜44）、門近くに服部半蔵屋敷があったことによる。

紅葉山

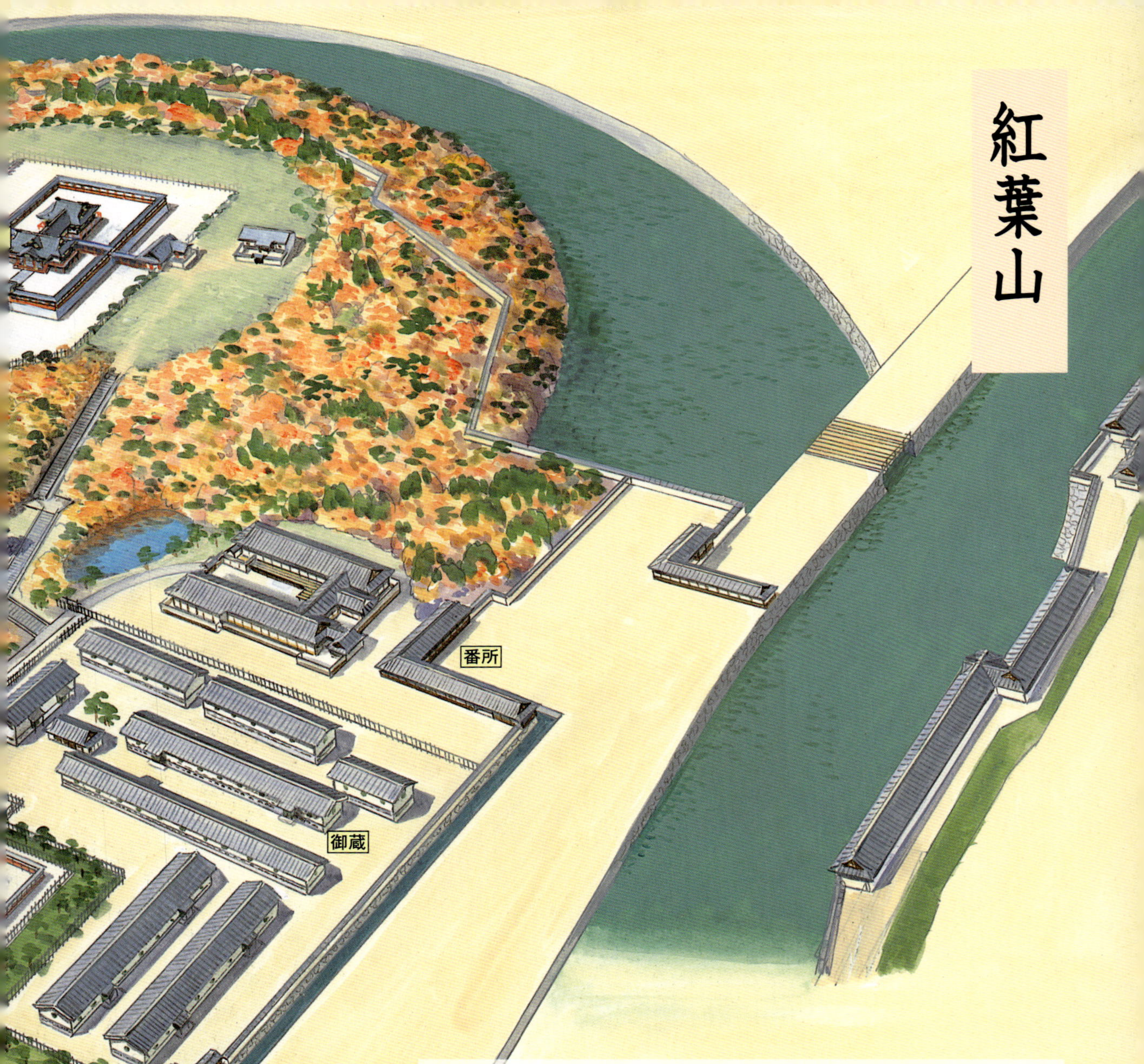

紅葉山は本丸北西部にあり、その名の通り秋になると全山の紅葉が燃えるようであったという。ここには家康をはじめとする徳川歴代将軍の霊廟があった。本図は「紅葉山御宮御仏殿惣絵図」をもとに17世紀末頃の将軍家霊廟を復元したものである。各建物は徳川家の霊廟建築の特徴である権現造となっており、前面の大きな拝殿と後方の本殿（仏殿）を相の間がつないでいる。この後、紅葉山にはさらに五代綱吉（常憲院）、六代家宣（文昭院）の霊廟が建てられる。

霊廟の他に各種の蔵があった。文化３年（1806）頃には６棟あり、御召具足蔵、数御具足蔵、鉄砲蔵はいずれも将軍と近習の武器庫であり、残る３棟は御書物蔵であった。この御書物蔵が現在の国立公文書館内閣文庫の前身である紅葉山文庫で、初代家康の収集になる数多くの古典籍が収められていた。

なお図中、台徳院霊廟本殿は、とりあえず屋根を宝形造に描いているが、その十分な根拠は現在のところない。

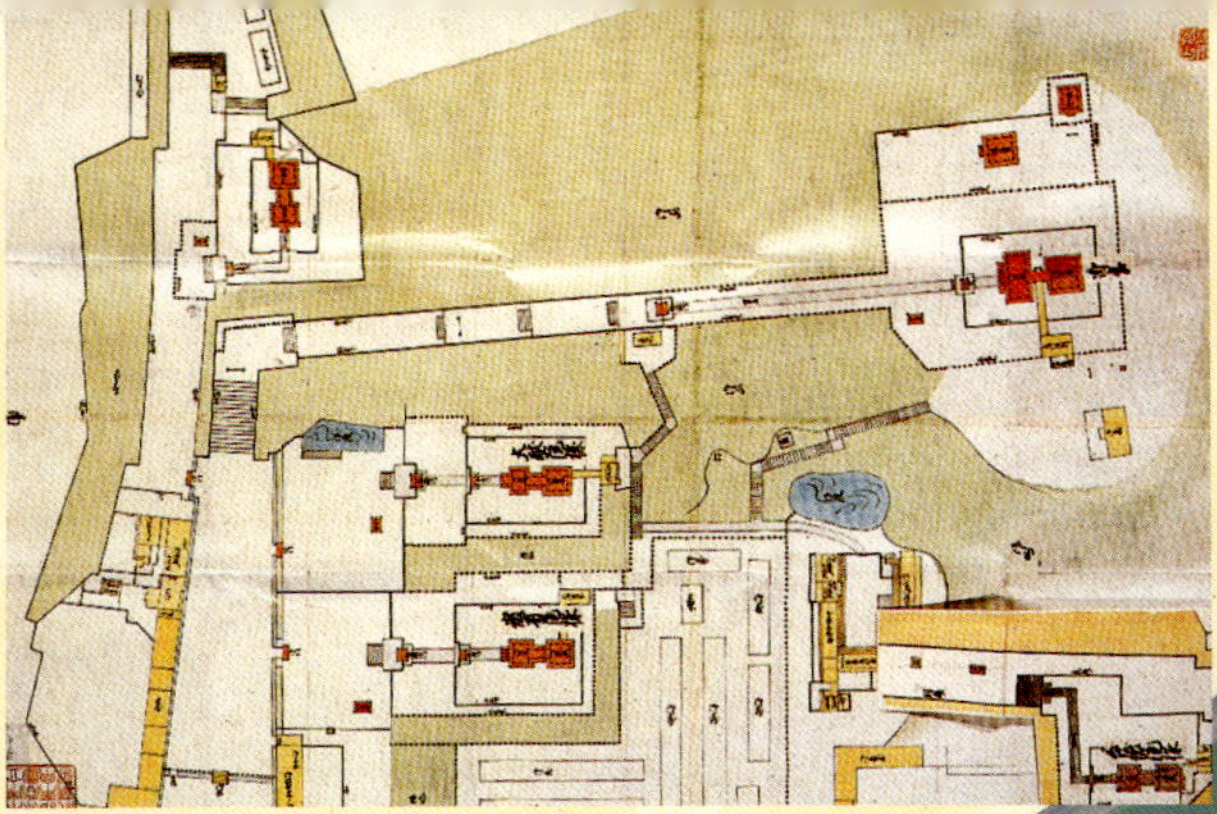

「紅葉山御宮御仏殿惣絵図」（東京都立中央図書館東京誌料文庫蔵）
右上が東照宮で、左上が２代秀忠（台徳院）廟、中央に上下２つ並ぶ霊廟が上から３代家光（大猷院）と４代家綱（厳有院）の霊廟である。５代綱吉（常憲院）廟がまだないことから、17世紀末頃の図であると推定できる。いずれの霊廟も権現造の平面形式を示している。

復元＝中西立太

将軍家霊廟・紅葉山

●紅葉山東照宮

本丸の北に位置する紅葉山は、東照宮をはじめとする徳川家歴代将軍の霊廟《れいびょう》が建てられていた所である。ただし、歴代といっても霊廟が造営されたのは六代文《ぶん》昭院《しょういん》霊廟までで、以後の将軍はそれまでの霊廟に合祀された。

各霊廟が造営された年代は以下のようである。

東照宮（徳川家康）
　元和《げんな》四年（一六一八）
　再営　承応《じょうおう》二年（一六五三）～三年
台徳院《だいとくいん》（徳川秀忠《ひでただ》）
　寛永《かんえい》九年（一六三二）
大猷院《だいゆういん》（徳川家光《いえみつ》）
　承応二年～三年
厳有院《げんゆういん》（徳川家綱《いえつな》）
　天和《てんな》元年（一六八一）
常憲院《じょうけんいん》（徳川綱吉《つなよし》）
　宝永《ほうえい》七年（一七一〇）
文昭院（徳川家宣《いえのぶ》）
　正徳《しょうとく》三年（一七一三）～四年

元和度の東照宮の姿を具体的に知ることのできる史料は、唯一「江戸図屏風」（国立歴史民俗博物館所蔵）があるだけで、「紅葉山東照宮大権現宮」と付箋が貼られた建物が元和度の東照宮である可能性が高い（左ページ上）。拝《はい》殿《でん》と本殿は入母屋造《いりもやづくり》であるが、本殿の方は妻側を正面に見せ、権現造《ごんげんづくり》形式をとる後の承応度の東照宮とは異なっている。承応度東照宮については建地割図《たてじわり》が残されているが、拝殿は桁行五間（一間は約一・八メートル）×梁間二間、弊殿《へいでん》は桁行三間×梁間三間、本殿は桁行三間×梁行三間で、本殿と同じ間口で本殿と拝殿を結ぶ石の間がついていた。拝殿には浜縁《はまえん》がついていた三間の向拝《こうはい》があり、また本殿の屋根には神社らしく千木《ちぎ》と鰹木《かつおぎ》を載せていた。

●歴代将軍霊廟

次に東照宮以外の、歴代将軍を祀る霊廟について図面史料の残る常憲院霊廟を例として見てみよう（下図）。

霊廟は惣御門《そうごもん》、瓦塀、御水屋《おみずや》、四脚御門《しきゃくごもん》、銅瓦塀、金剛矢来《こんごうやらい》、内通御門、瑞籬《みずがき》、唐門《からもん》、本殿、相の間、拝殿、供廊下などの建

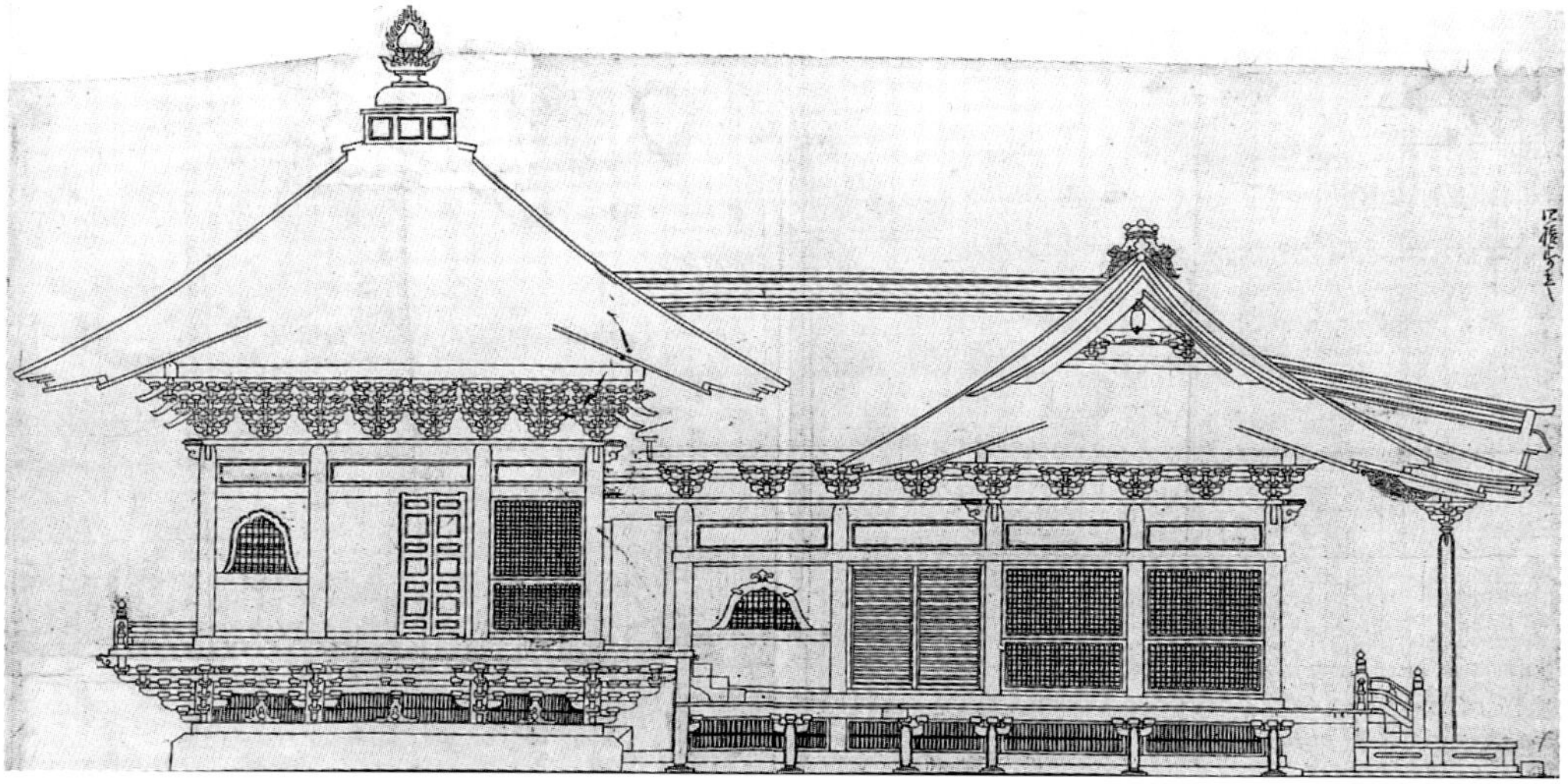

「江戸紅葉山霊屋図」（東京国立博物館蔵）

５代綱吉（常憲院）霊廟の立面図である。拝殿（右）と宝形屋根の仏殿（左）が相の間でつながれる。拝殿と相の間は軒・床の高さ、組物の形式などが共通するが、仏殿は拝殿、相の間とは異なり、軒や床が一段高くなり、組物も尾垂木付で手先が多く複雑になっている。

「江戸図屏風」紅葉山部分
（国立歴史民俗博物館蔵）
右側の付箋が貼られた部分が紅葉山東照宮と思われる。左には鳥居も見られる。のちの承応度東照宮とは形式が違い、また「江戸図屏風」の景観年代からも、元和度東照宮の可能性が高いとされている。

物施設から構成されていた。御霊屋の最も外側に霊廟への入口である惣御門が立ち、門の両側から延びる瓦塀が霊廟全体を囲んでいる。門を入ると右に水屋がある。正面に石段があり、上ると四脚御門と両脇に銅瓦塀が立つ。四脚御門のさらに内側に唐門が立ち、その中に仏殿、相の間、拝殿からなる霊廟がある。霊廟は四脚御門脇の銅瓦塀と、その両側から延びる金剛矢来および唐門両脇から続く玉《たま》垣《がき》で三重に囲われている。

霊廟の建物は仏殿（桁行・梁間とも三間）、相の間（桁行二間×梁間一間）、拝殿（桁行三間×梁間二間）からなり、一間の向拝が付く。仏殿は宝形《ほうぎょう》屋根で、組物は四手先の詰組を用いている。側面三間のうち、後方に火灯窓《かとうまど》、中の間に桟唐《さんから》戸《ど》、前方に蔀戸《しとみど》を設け、周囲を巡る縁を四手先の腰組が支えている。拝殿は入母屋造で、正面の向拝には軒唐破風《のきからはふ》が付く。束《つか》で支えられた縁が相の間まで一体に回り、建具には蔀戸が入っている。仏殿と拝殿を結ぶ相の間は側面二間のうち仏殿側に火灯窓、拝殿側に舞良戸《まいらど》を立てる。軒や縁の高さを拝殿と同じにしており、一体感が強い。

規模的には上野や芝にあった将軍霊廟に比べると小型である。

常憲院霊廟の他に厳有院・台徳院・大猷院・文昭院の霊廟があったが、図面史料等を見るかぎりは常憲院霊廟と形式や規模は変わらない。したがって正方形の平面をもつ仏殿には宝形造の屋根が架けられていた可能性が高い。紅葉山ではしかし、東照宮だけは入母屋造であることが明らかである。また東照宮のみが神社形式で、他は仏式であった。

ところが日光や上野寛永寺《かんえいじ》、芝増上寺《ぞうじょうじ》などにあった徳川家霊廟の仏殿もしくは本殿の屋根形式は、将軍の場合入母屋造となっている。つまり厳有院、常憲院、文昭院、有章院《ゆうしょういん》（七代家継）の各仏殿においては正方形の平面でありながらも、入母屋造としている。

一方で、長昌院《ちょうしょういん》（六代家宣生母）の仏殿（上野）や桂昌院《けいしょういん》（五代綱吉生母）の仏殿（芝）は宝形造で、また高厳院《こうげんいん》（四代家綱夫人）の仏殿（上野）も同様であったと思われる。

つまり、上野や芝では屋根形式において、入母屋造の方が宝形造より正式、格が高いとされていたと考えられる。そうしてみると紅葉山の霊廟は上野・芝の霊廟に比べて規模のみならず屋根形式も簡略化されていたといえよう。

（伊東龍一）

権威の象徴 本丸御殿

本丸御殿大広間

万延《まんえん》度の平面図・立面図から復元した大広間東面で、右の御駕籠台《おかごだい》に据えた乗り物に将軍が乗り込み出御する場面である。

将軍の江戸城外への外出は限られていたが、先祖供養のため正月十日か二十日に上野寛永寺《かんえいじ》、十四日か二十四日に芝増上寺《ぞうじょうじ》に参拝する習わしであった。将軍出御の時は、まず奥坊主が御次の間にある対の挟箱《はさみばこ》を御錠口《おじょうぐち》の御目付のところまで運ぶ。すると配下が「御箱」と大声で叫び、それが次々と伝えられて御玄関まで達すると玄関番が「やあーい」と大声を上げる。これがさらに大手門まで伝えられると御成行列のお供の者たちが全員、御駕籠台の前庭に平伏して将軍を待つのである。坊主が「お召し物でござい、お召し物でござい」と触れ回ると、供頭の若年寄と御側小姓《おそばこしょう》、駕籠脇を警護する御小納戸衆《おこなんどしゅう》も庭へと下りる。奥から御目付、同朋頭《どうぼうがしら》、老中、御側、将軍と続いて登場して、御側が戸を開けると、御小姓が先に出て御刀を駕籠の中に入れて下がる。

いよいよ将軍が御駕籠に乗ると御側が戸を立てる。見送りの老中が「駕籠」というと、それまで縁の下で控えていた御駕籠衆（陸尺《ろくしゃく》＝駕籠のかつぎ手）が御駕籠台に昇

復元＝中西立太

り、肩を入れてかつぎ出すのである。（中西立太）

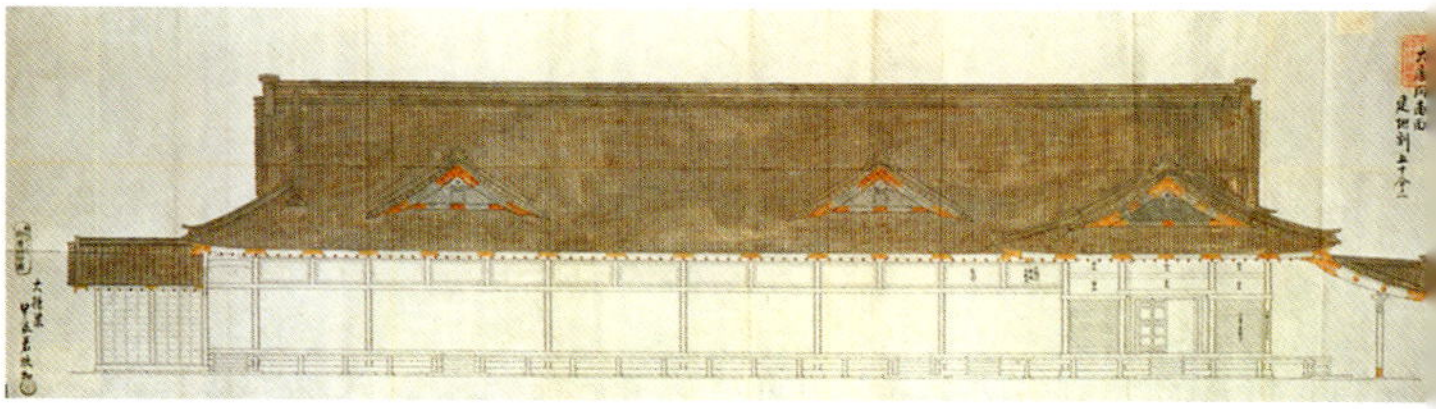

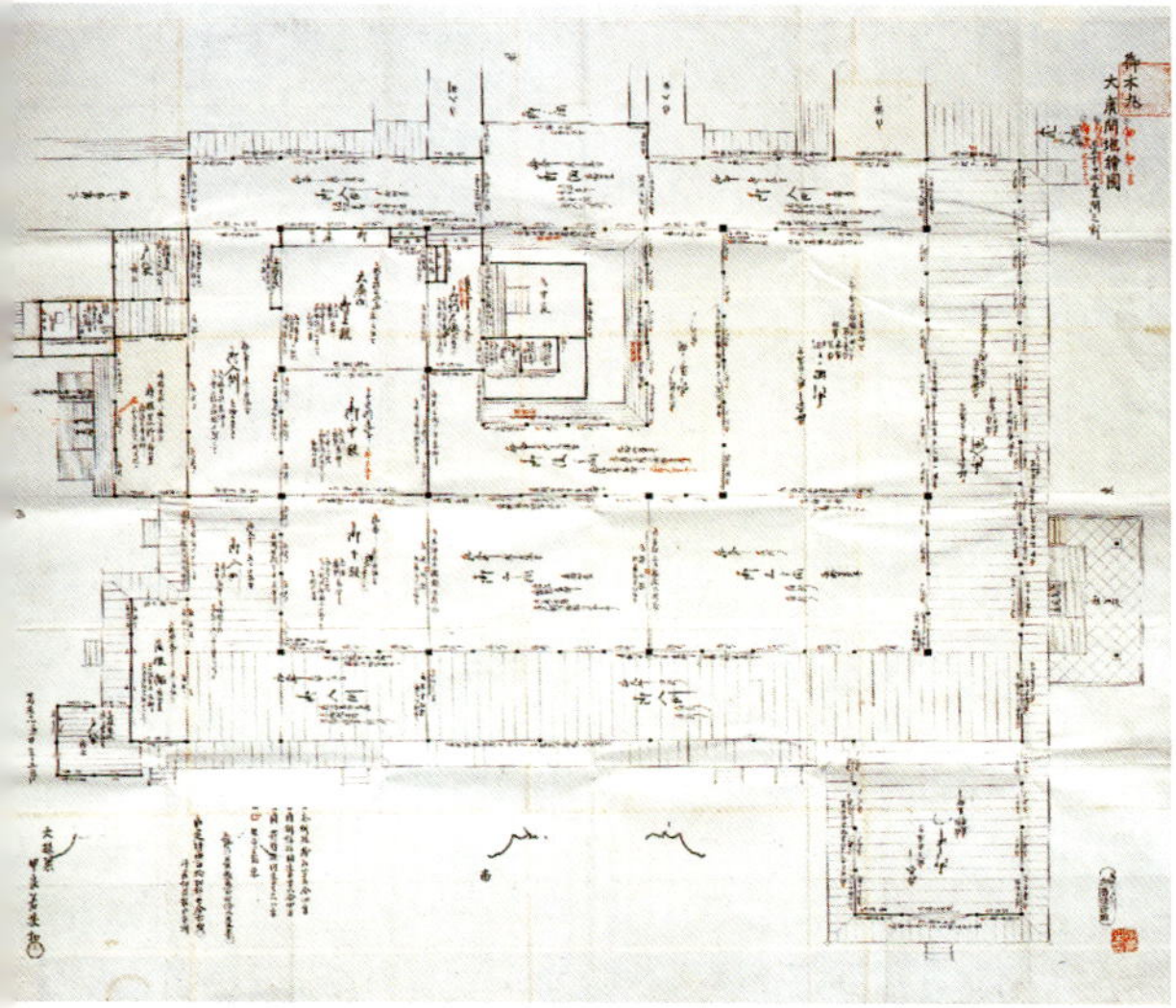

「御本丸大広間南面建地割五十分ノ一」（上）・「御本丸大広間地絵図」（左）（ともに東京都立中央図書館東京誌料文庫蔵）

万延度本丸御殿の大広間の立面図と平面図である。立面図は大広間を南側から見た図で、平面図は上が北である。つまり立面図は平面図を下から見た時の建物の外観となる。両図の縮尺はほぼ同一である。平面に比べて立面が小さく見えるのは、万治度以降の御殿では大広間二の間裏手が部屋ではなく中庭となり、コの字形の小さな屋根となったからである。

大広間の仕組みと機能

●大広間の部屋構成

大広間は江戸城内のすべての御殿の中でも最大の建物で、東西は五〇メートルを超える規模を誇った。将軍の謁見《えっけん》などが行われる最も格式の高い御殿であり、将軍の権威を最大限に演出する場であった。部屋構成は、北から南へと上段、中段、下段と並び、東に折れて二の間、三の間と続き、ここから再び北に折れて四の間へつながっていた。御殿全体はコの字形をしていたわけであるが、大広間の特色は上段、中段、下段と並んだ部屋構成に特に強く表れていた。

床高は、下段から、中段、上段へと順に七寸（約二一センチメートル）ずつ高くなっていた。また床高さだけでなく、三室それぞれに天井の仕上げにも差があった。下段は格天井《ごうてんじょう》で、これは格縁《ごうえん》という黒漆塗《くろうるしぬり》の格子状の枠の中に極彩色の絵を入れた天井である。中段の天井は下段よりも一段高く、天井周囲にドームのようなカーブの立ち上がりをつけた折上《おりあげ》格天井となっていた。上段では中段と同じく周囲で一度折り上がり、天井中央部でさらにもう一段高くなる二重折上格天井であった。つまり次第に手のこんだ仕上げとなっていたわけである。

上段、中段、下段は部屋境を仕切る襖《ふすま》などの建具はなく、床の段差と天井から下りてくる小壁《こかべ》と欄《らん》間《ま》によって仕切られていた。上段と中段の境は小壁のみ、中段と下段の境には彫物欄間が入っていた。なお、二の間以下の部屋については下段と同じ床高さと天井仕上げになっていた。

●大広間の外観

大広間の外観で特に目を引くのは南東部に突き出した中門である。

このような中門は明暦《めいれき》の大火（一六五七）以前では大名邸宅にはよく見られたが、大火後に建てられたものでは、幕府関係の建物に限られた。中門をもつ建物様式が幕府を象徴する形式と考えられるようになったためであろう（平井聖『日本の近世住宅』）。

また、中門や大広間東側の立面は他の面の立面とは異なっている。

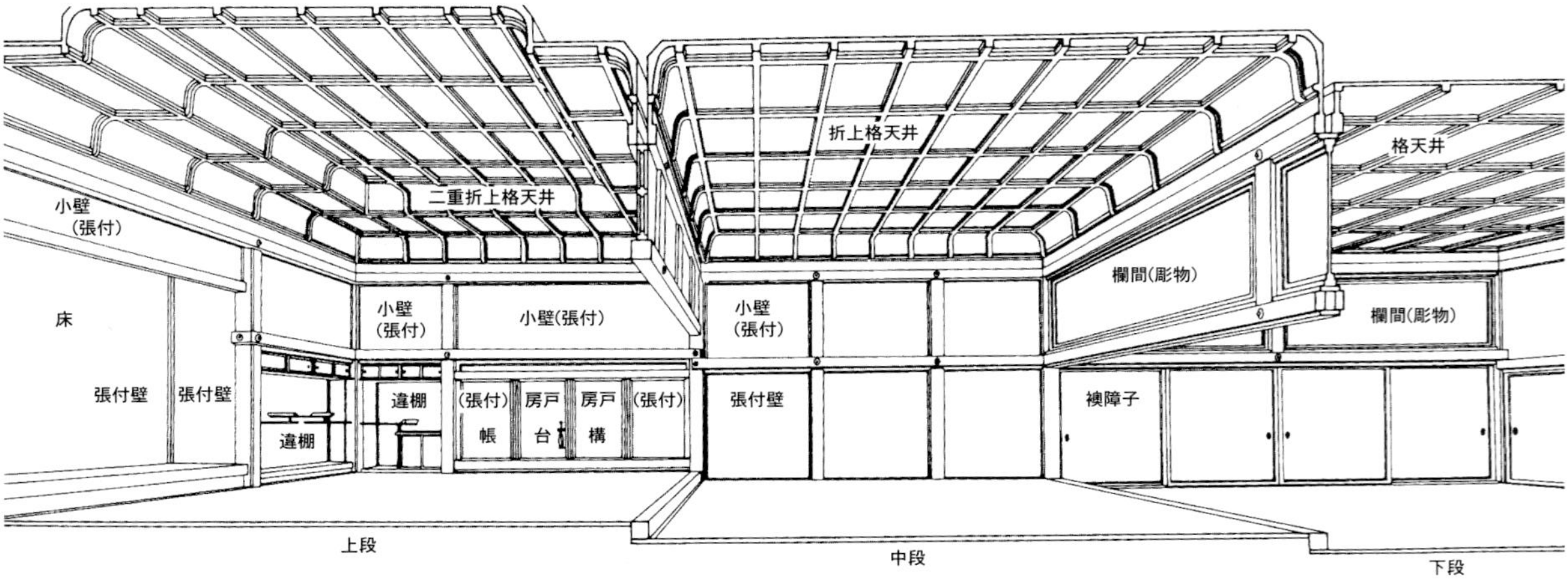

万延度本丸御殿大広間断面パース（作図＝平井　聖）

本丸御殿大広間を上段、中段、下段の位置で切った断面図。上段には床、棚、帳台構など正式の書院造のしつらえが備わっている（付書院は断面の手前なので描かれていない）。三室は床の高さに段差があり、天井の仕上げも上段から二重折上格天井、折上格天井、格天井と表現に差がつけられている。三室の境に襖などの建具はない。なお、大広間上・中・下段および各部屋の四隅の柱は荷持柱としては最も太く、一尺角もあった。

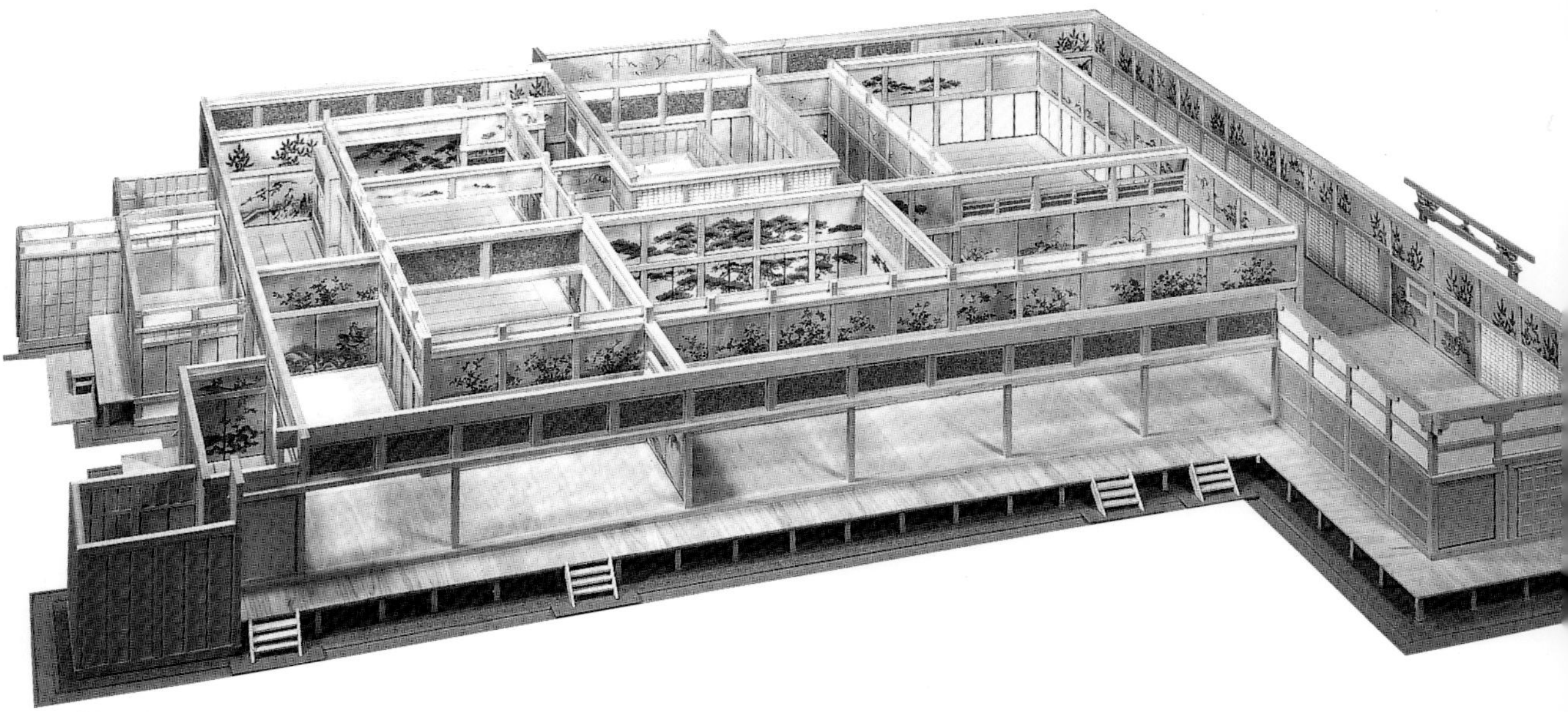

弘化度本丸御殿大広間模型（東京国立博物館旧蔵）

大広間の天井から上を取り去って内部構成を示した模型である。左奥の床・棚をもつ上段から手前に中段、下段と並ぶ。下段から右に折れて二の間、三の間と続き、三の間から奥に折れて四の間へ至る。全体としてコの字形の部屋構成になっている。大きな松が描かれた、中央の二の間の裏は中庭となり、ここには便所がある。右手前に突き出した部分が中門、左手前の箱状の部分は大広間南面に入る雨戸の戸袋である。右方に、御駕籠台の唐破風屋根を支える柱と桁が、鳥居のような形で見えている。

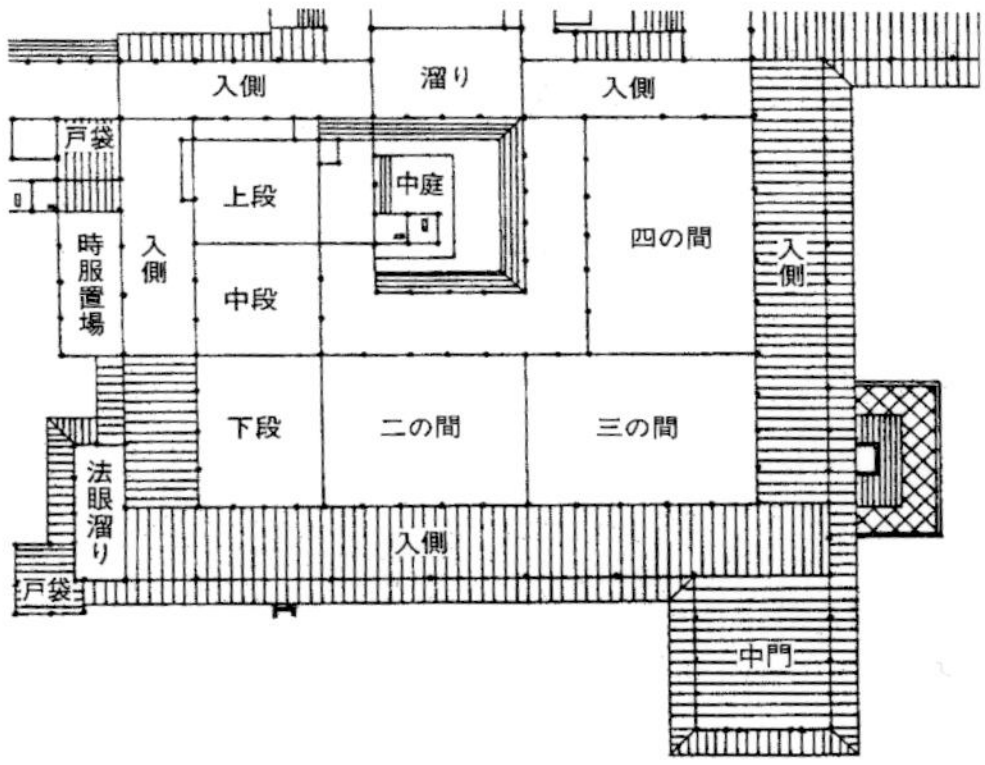

弘化度本丸御殿大広間平面図

他の面では引違いの舞良戸《まいらど》や障子を入れたりしているが、中門と東側では蔀戸として、東面には唐破風《からはふ》屋根の御駕籠台を設けており、この点も古式である。

大広間は様々な人々が目にした。勅使《ちょくし》や大名など身分の高い者ばかりではなく、大広間の能舞台で演じられる能を町人が大広間前の庭から見る「町入能《まちいりのう》」（四八ページ）もあったのである。その際には、町人たちの目は舞台の能だけでなく、大広間の南や東側の面にも向けられたであろう。大広間の南面・東面の欄間は、少なくとも弘化《こうか》度・万延《まんえん》度の御殿では、豪華絢爛たる花鳥の彫り物欄間となっていた。それらは、日光東照宮をはじめとする霊廟《れいびょう》建築に腕を振るった当代一流の彫物大工の手になるものであった。町人たちはまさに幕府の威光をまざまざと見せつけられる思いであったろう。

（伊東龍一）

本丸御殿［万治度］

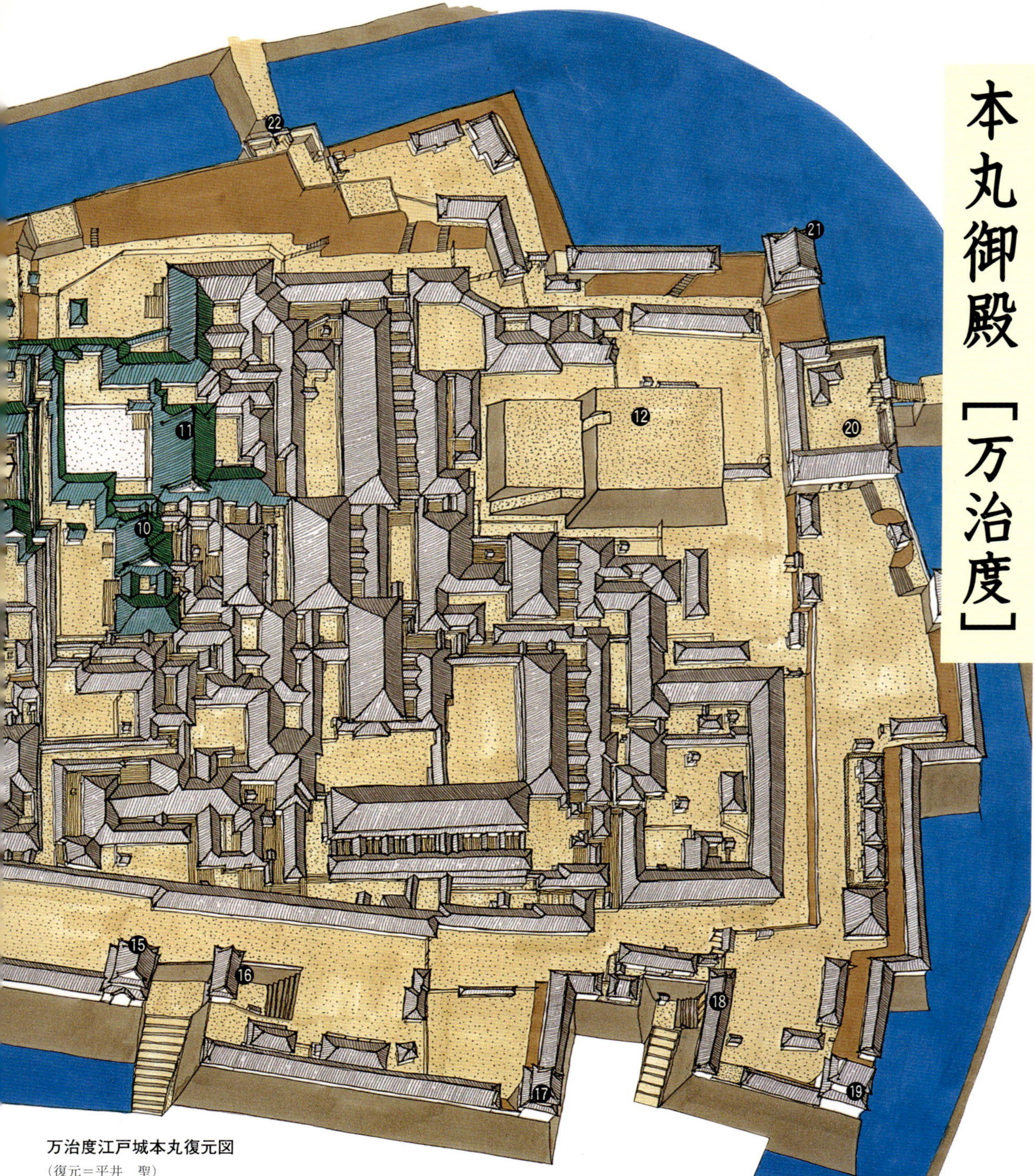

万治度江戸城本丸復元図

（復元＝平井　聖）

明暦３年（1657）の大火は江戸城と江戸城下を焼き払った。城下はこの時を境に大きく変貌するが、江戸城では同年に本丸と二の丸との間の堀を埋めて石垣を東側に張り出す工事が行われた。続いて本丸御殿の造営もなされ、万治２年（1659）に竣工したのが図の万治度御殿である。寛永度御殿と最も変わったのは大広間で、屋根が中庭を囲むコの字形となった点である。寛永度の大広間では中庭部分も室内であり、建物全体を覆う大きな屋根がかかっていた。また、天守は再建されることなく天守台のみとなった。

❶玄関
❷遠侍
❸大広間
❹能舞台
❺松の廊下
❻白書院
❼竹の廊下
❽黒書院
❾御座の間
❿大奥対面所
⓫大奥御主殿
⓬天守台
⓭書院門（中雀門）
⓮台所前三重櫓
⓯汐見二重櫓
⓰汐見坂門
⓱汐見太鼓櫓
⓲上梅林門
⓳梅林二重櫓
⓴北桔橋門
㉑乾二重櫓
㉒西桔橋門
㉓富士見三重櫓
㉔数寄屋二重櫓

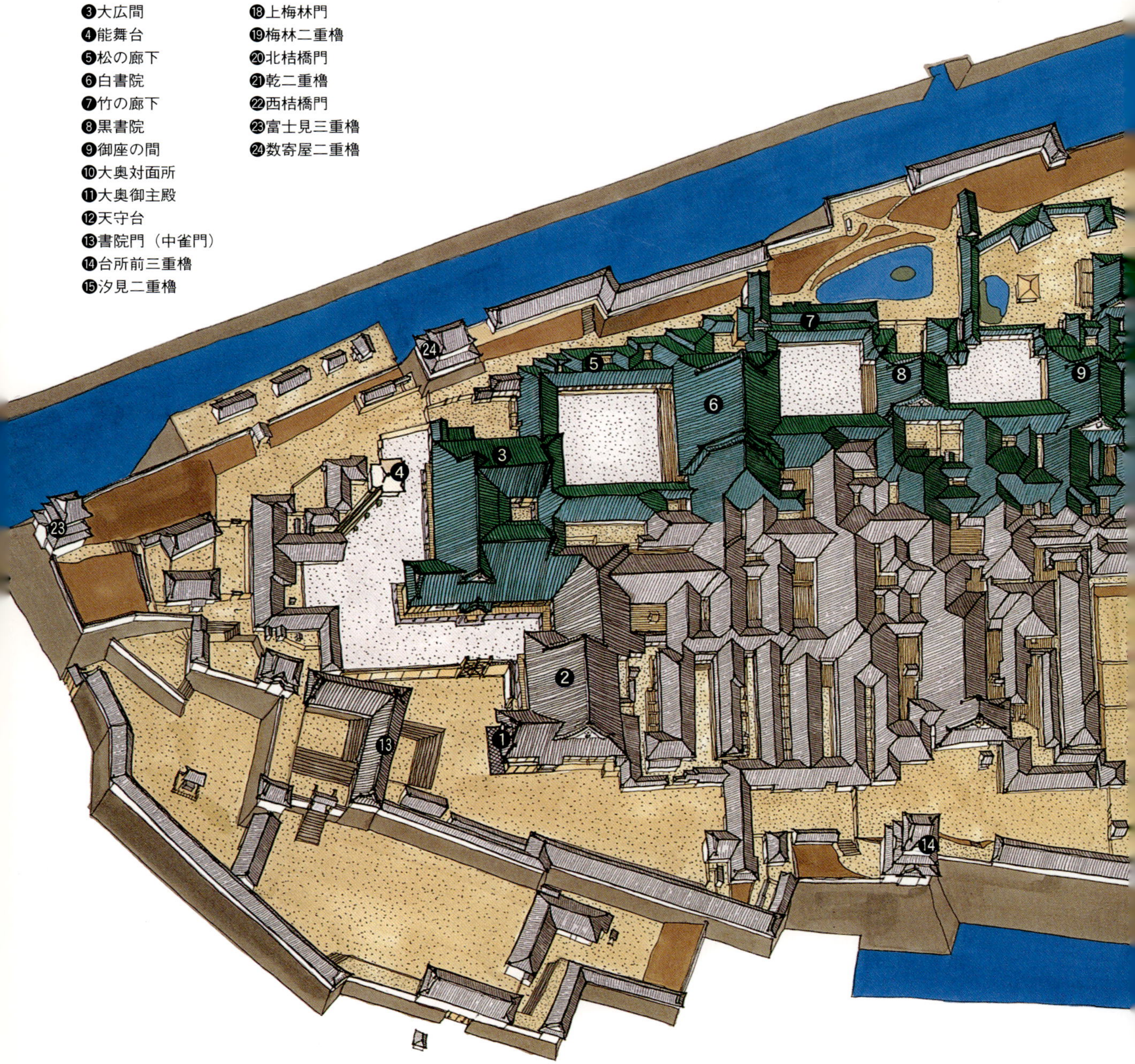

白書院・黒書院の仕組みと機能

●本丸御殿松の廊下

大広間と白書院桜溜《しろしょいんさくらだまり》をつなぐ長い廊下である。大広間側から進むと右側は大広間と白書院の間にある中庭に面しており、左側には御三家部屋などがあった。それらの諸室との境の張付壁《はりつけかべ》に松が描かれていたことからこの名がある。

松の廊下はL字形をしており、長さは大広間北西から西へ一〇間半（約二〇・七メートル）、北（右）に折れて一七間半（約三四・五メートル）で、廊下の幅（諸室の幅を除く）は曲がり角までは二間（約三・九四メートル）、その先の部分は二間半（約四・九二メートル）であった。また天井の高さは約三・一メートルであった。天井は猿頬《さるぼう》天井で、格天井《ごうてんじょう》などに比べて地味な様式であった。屋根は中庭に向けて千鳥破風《ちどりはふ》が二つ置かれていた。

張付壁の障壁画は弘化《こうか》度では、海辺の松原と群れ飛ぶ千鳥を柔らかい筆致で描いたものである。松の廊下に限らず、当時の御殿の障壁画においては、あくまで前の画の再現を目指していたので、それ以前の松の廊下の障壁画もほぼ同様の画であったと考えてよい。中庭に面する側は各柱間に戸を二枚と障子を一枚、引き違いに入れており、内法上には木格子付の欄間《らんま》があった。

●白書院

白書院は本丸御殿において大広間に次ぐ高い格式をもつ殿舎であった。上段、下段、帝鑑《ていかん》の間《ま》、連歌《れんが》の間がほぼ田の字型に並び、周囲に入側《いりかわ》が巡る平面構成であった。上段は床、棚、付書院《つけしょいん》、帳台《ちょうだい》構《がまえ》などの座敷飾を備え、床が他の部屋より五寸八分（約一七・六センチメートル）高い。天井は折上《おりあげ》格天井となっていた。下段は上段の南に接してあり、床高さは帝鑑の間や連歌の間などと同じであるが、格天井は他より高い位置に造られていた。帝鑑の間はほぼ下段と同じ仕様であったが、連歌の間は猿頬天井で、帳台構との境に畳床があり、他の部屋よりくつろいだ形式である。

元旦には、ここ白書院で将軍が越前《えちぜん》松平家、加賀《かが》前田家と対面した。勅使《ちょくし》や院使を迎える時は下段で宴席が開かれ、また御暇や家督、隠居、婚姻の許可を将軍より得た御礼の際の対面の場でもあった。

白書院の障壁画は各室とも帝鑑図を画題にしていた。帝鑑図は為政者が理想とすべき古代中国の王の挿話を描いたもの

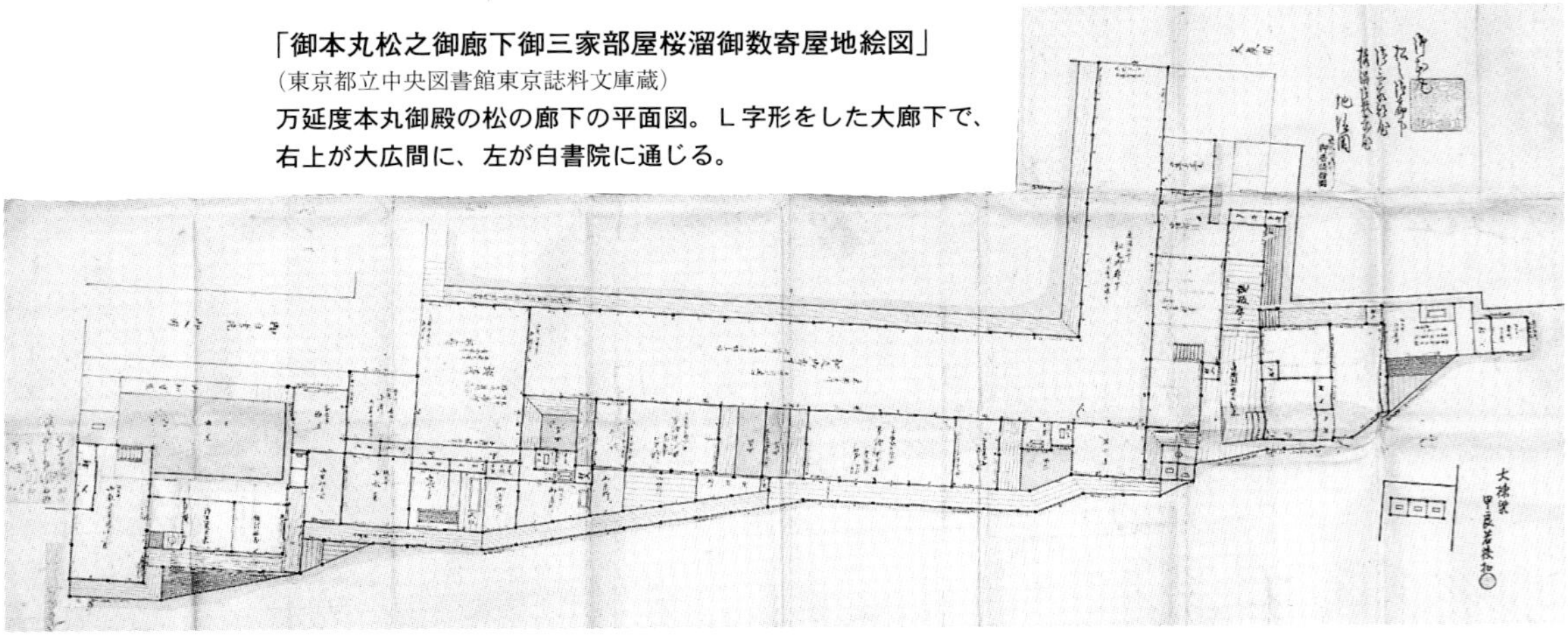

「御本丸松之御廊下御三家部屋桜溜御数寄屋地絵図」
（東京都立中央図書館東京誌料文庫蔵）
万延度本丸御殿の松の廊下の平面図。L字形をした大廊下で、右上が大広間に、左が白書院に通じる。

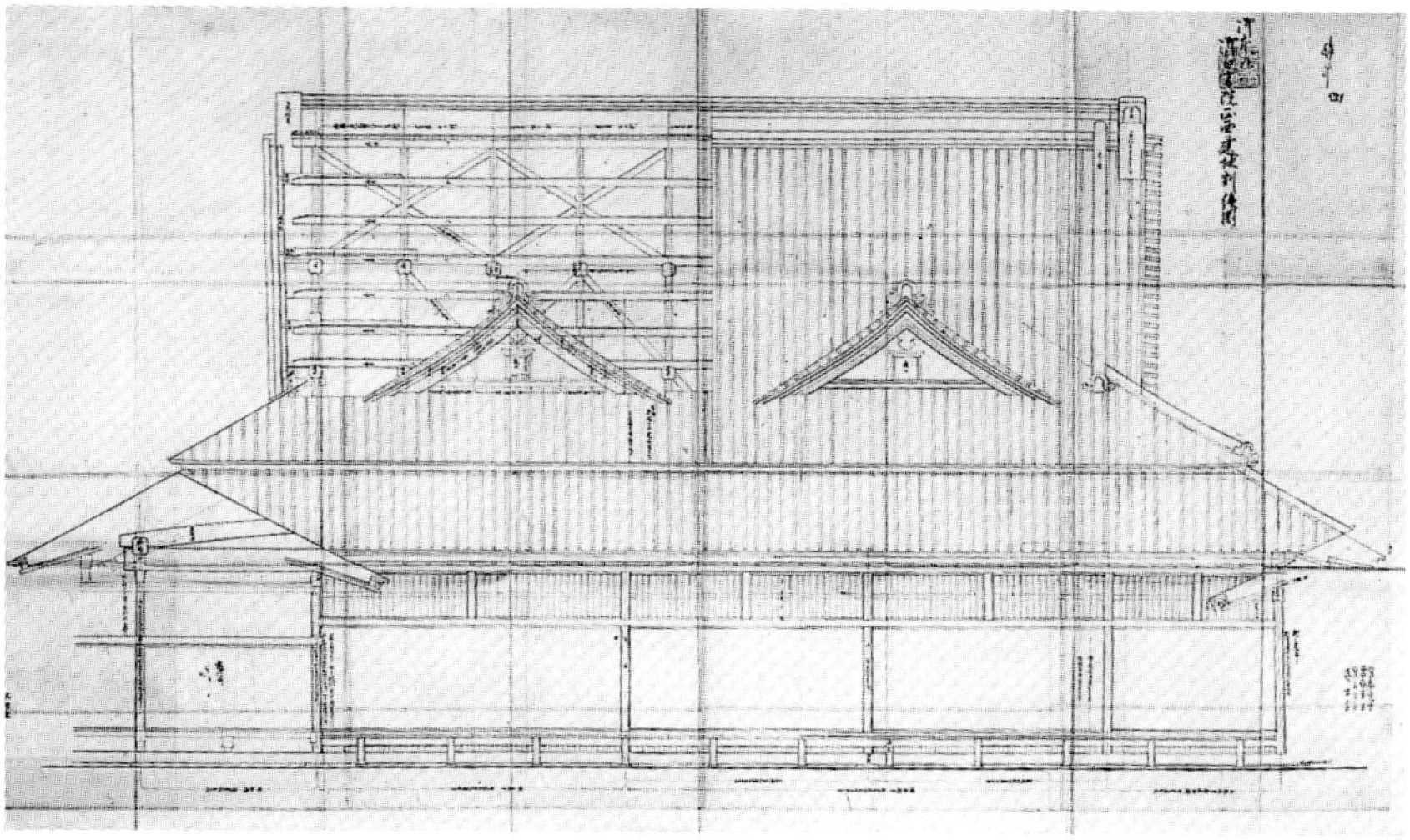

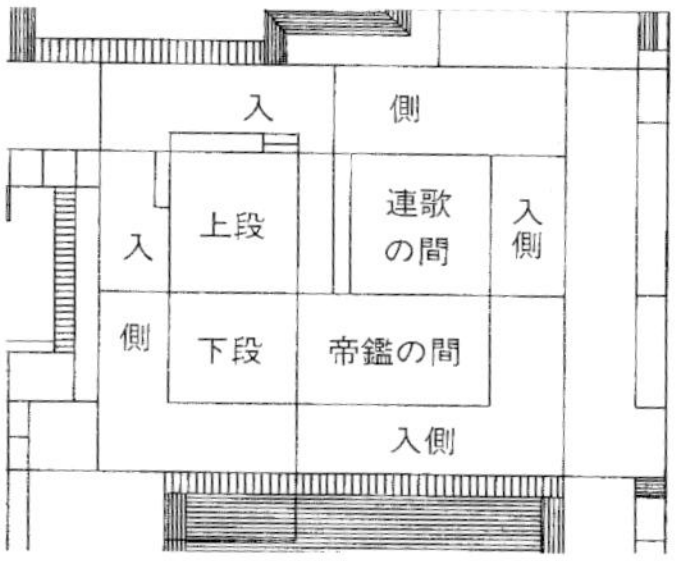

白書院平面図

「御本丸御白書院正面二拾分一建地割絵図」（左上）・「御本丸御黒書院妻之方二拾分一建地割絵図」（左下）（ともに東京都立中央図書館東京誌料文庫蔵）

左上図は白書院の断面図。屋根南側に千鳥破風を置く。三角形をした破風の頂点から下がる懸魚の鰭(ひれ)は彫物になっている。ここを彫物とするのは遠侍、大広間と白書院までの建物で、これより北にある殿舎では輪郭がいくつかの曲線のみからなる。左下図は黒書院の断面図。上段と下段の境には２本溝をもつ框(かまち)と鴨居(かもい)があり、大広間や白書院とは異なる。

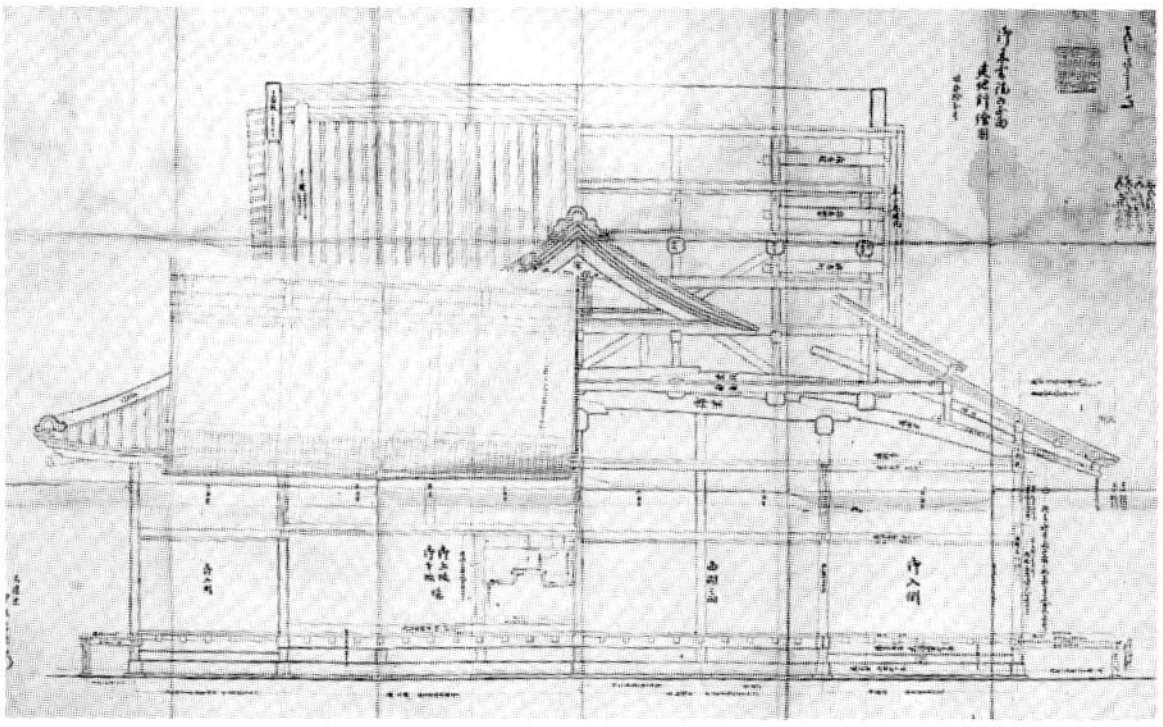

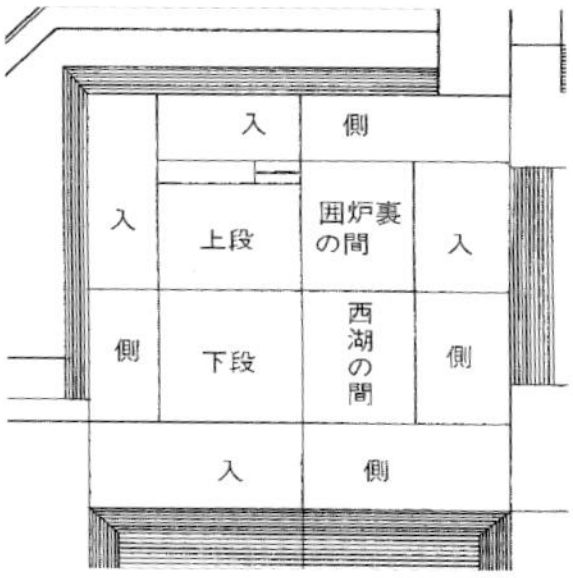

黒書院平面図

である。白書院は大広間と比較すれば殿舎の規模は小さく、南入側と縁境の欄間を彫物欄間ではなく、木格子に障子立《しょうじだて》とする点などが異なる。しかし、上段は床、棚、付書院、帳台構などの座敷飾をしつらえ、上・下段の境を彫物欄間にするなど、建築表現の上からは最高級の格式によって造られている。

●黒書院

黒書院《くろしょいん》は白書院の北側にある御殿で、白書院とは、白書院の北西から北に延びる竹の廊下で結ばれていた。黒書院から北の御殿群（御座《ござ》の間《ま》、御休息、御小座敷など）は将軍が日常生活を営む中奥の殿舎であるが、その中では黒書院は最も表向の性格を与えられていた。平面は白書院と同じく田の字型で、西側に上段と下段、東側に囲炉裏《いろり》の間と西湖《せいこ》の間が設けられていた。特徴的なのは使用材で、黒書院は他の御殿とは異なり、檜《ひのき》造ではなく総赤松造であったようである。

上段は床が下段、囲炉裏の間、西湖の間より六寸三分（約一九・一センチメートル）高くとられ、床と棚をもっていた。天井は上段と下段が張付天井で、囲炉裏の間と西湖の間は猿頬天井であった。囲炉裏の間は室の中央に囲炉裏があり、部屋境の内法長押《うちのりなげし》より上部も欄間とはせず張付で、南入側との縁の境のみは木格子窓であったが、ここも彫物欄間ではなかった。

黒書院の障壁画の画題は、弘化度では入側部分は山水であることが分かっているが、主室の画題については不明である。ただし、万治《まんじ》度の黒書院では主室も入側と同じく山水を描いていることから、おそらく弘化度においても各部屋の障壁画は山水であったと思われる。

（伊東龍一）

大広間上段の間

御殿を彩った障壁画

上段の間北面障壁画（東京国立博物館蔵）

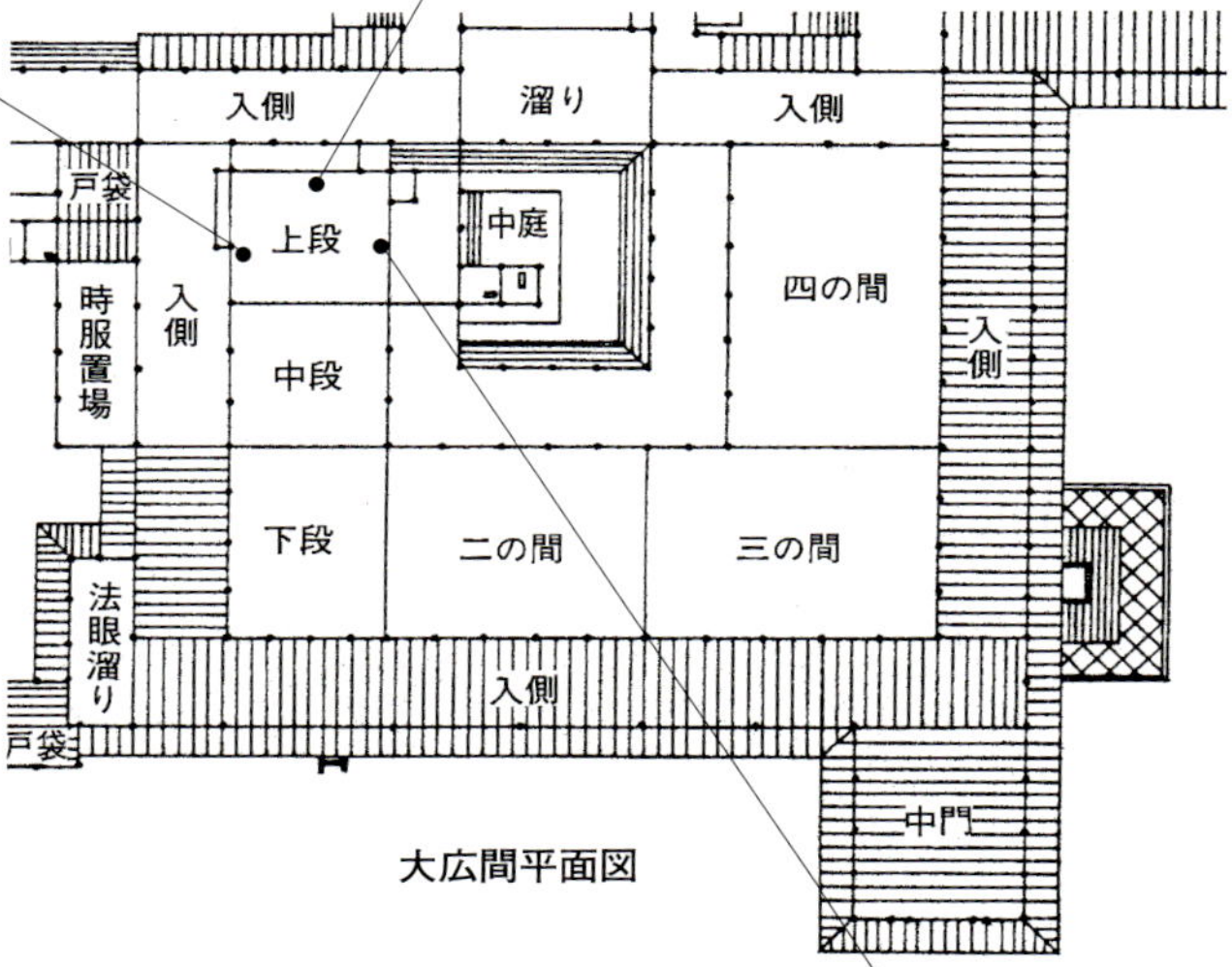

大広間平面図

40～43ページに掲載したものはいずれも弘化度本丸御殿の障壁画の小下絵（依頼主が検閲した最終の下絵で、これをもとに拡大して障壁画を完成する）である。大広間の障壁画の画題は全体に松と鶴を描く。上段の間北面の床には松と鶴、床の右側には松竹梅。東面の棚と帳台構も松竹梅が描かれている。西面の付書院には萩、左側に鶴と竹を描く。床の松と鶴、二の間の松の画題は寛永度御殿資料にもすでに見られるものである。

上段の間東面障壁画（東京国立博物館蔵）

上段の間西面障壁画（東京国立博物館蔵）

松の廊下

松の廊下復元模型（江戸東京博物館蔵）

松の廊下障壁画（東京国立博物館蔵）

白書院帝鑑の間

帝鑑の間北面障壁画（国立公文書館内閣文庫蔵）

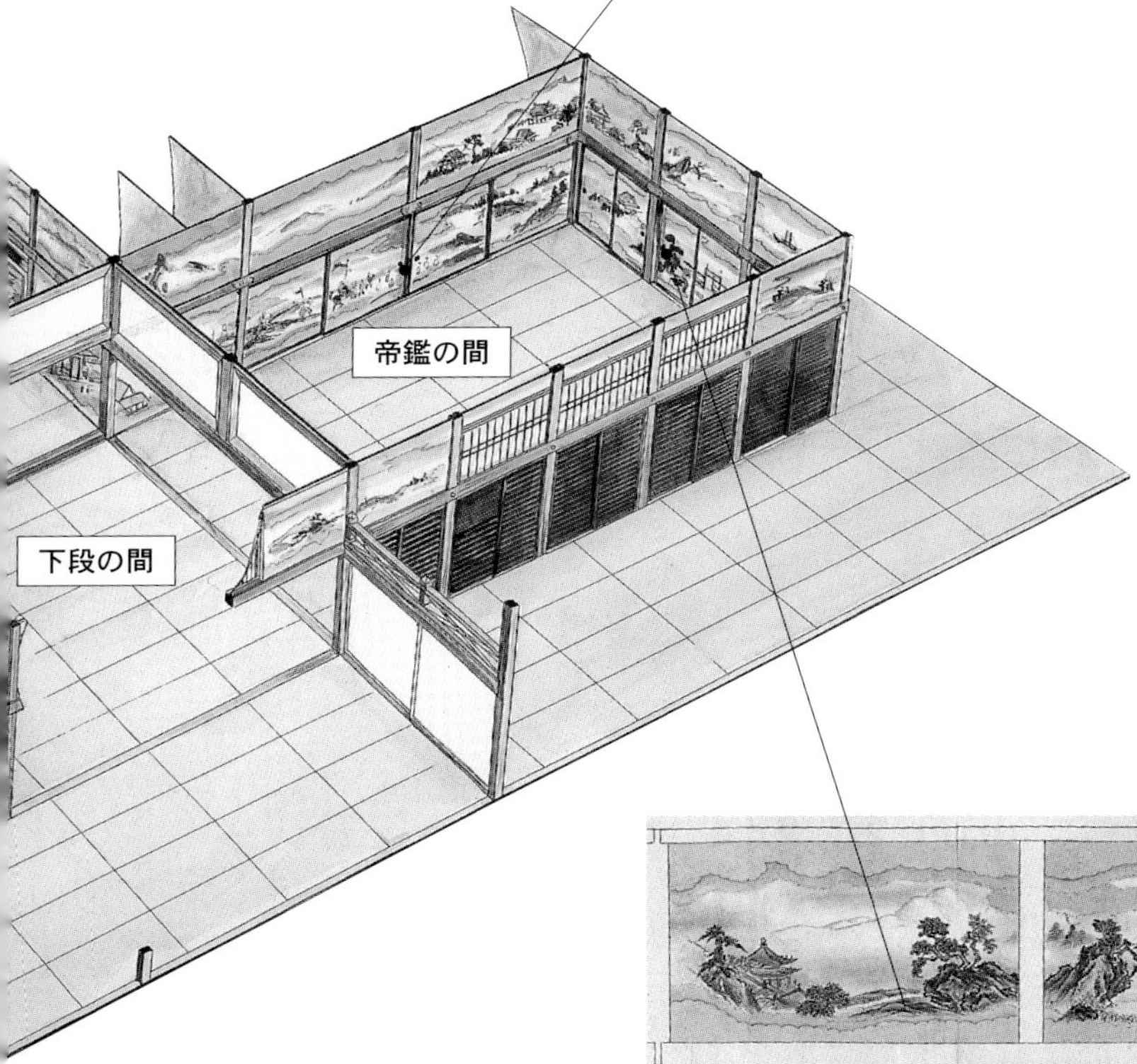

白書院は大広間に次ぐ重要な建物で、上段の間、下段の間、帝鑑の間、連歌の間からなる。白書院の障壁画の画題は、全体として帝鑑図（古代中国の皇帝の故事を描いた図）となっており、高い格式を求められる白書院にふさわしいものとなっていた。上段の間北面の床は４人の賢人を登用して国を治めたという堯帝をモチーフにした「任賢国治図」、東面はほしいままにする飲酒を戒めた禹王をテーマとした「戒酒防微図」などのいわゆる勧戒図を描く。帝鑑の間北面・東面も上段の間同様、帝鑑図を画題としている。

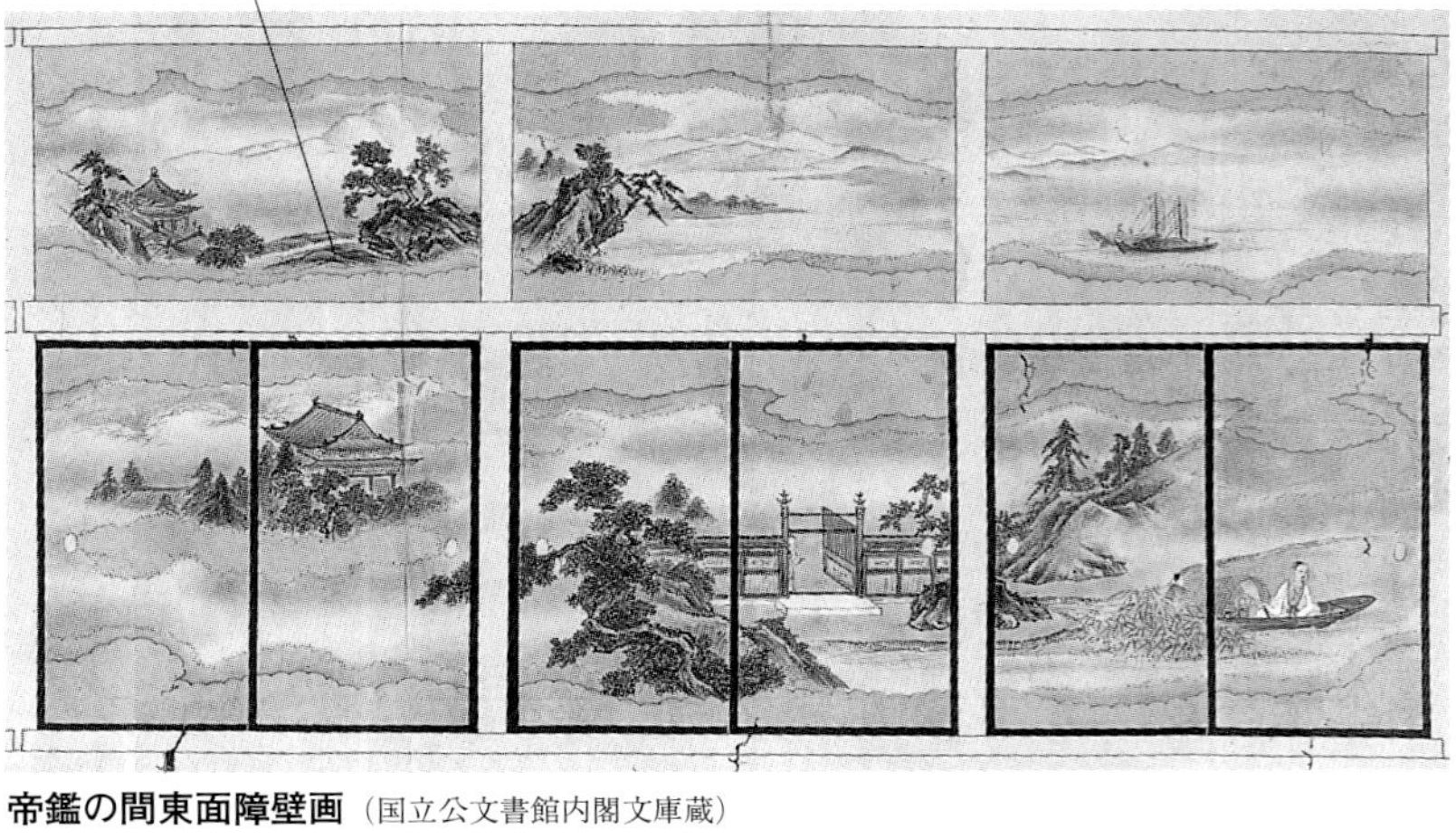

帝鑑の間東面障壁画（国立公文書館内閣文庫蔵）

白書院上段の間

上段の間北面障壁画（東京国立博物館蔵）

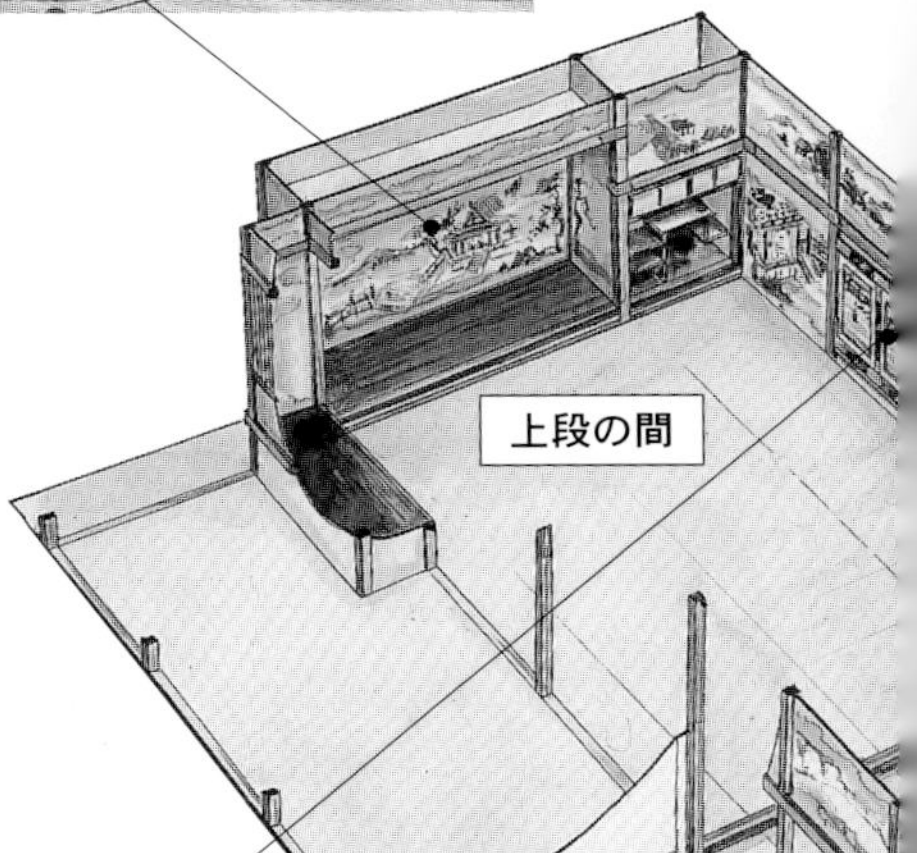

上段の間東面障壁画（東京国立博物館蔵）

本丸御殿絵図

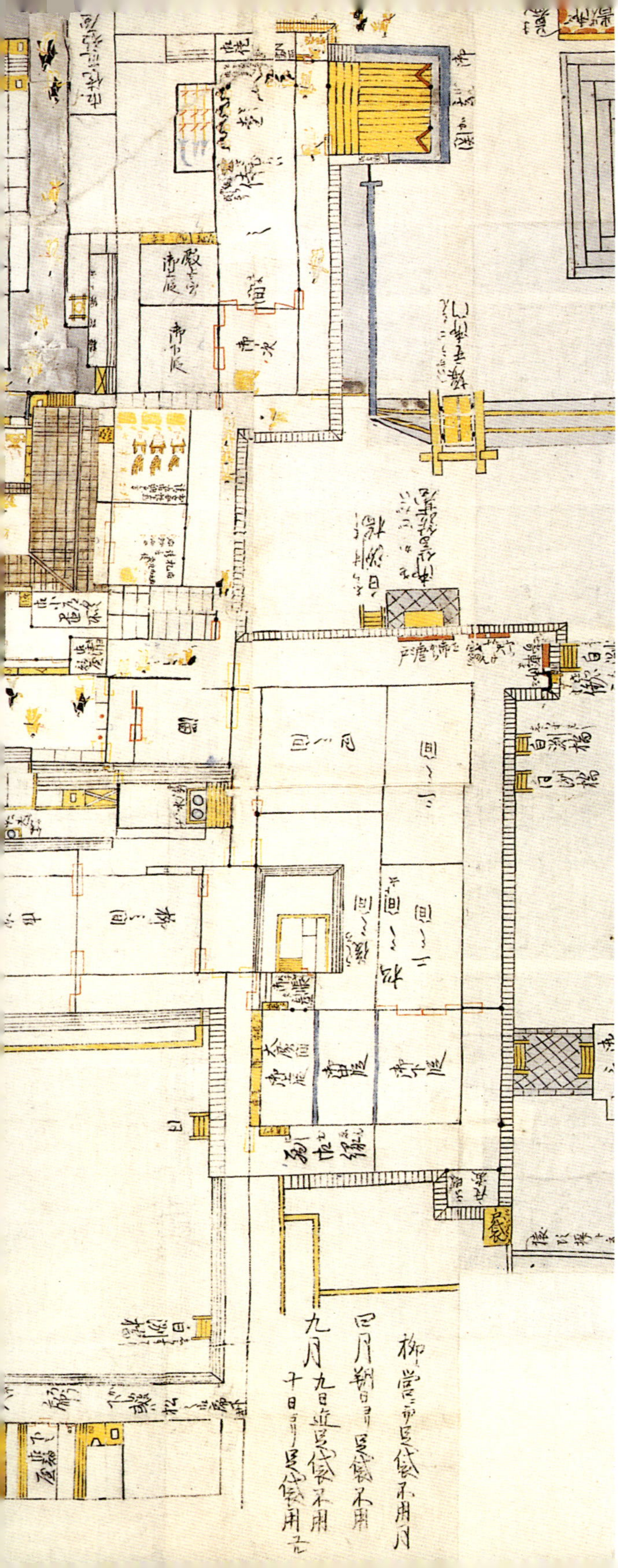

「江戸城本丸御殿絵図」（東京都立中央図書館東京誌料文庫蔵）

本丸御殿の平面図であるが、各所に詰める武士の姿を詳細に描く珍しい図である。武士たちはほとんどが座した姿であるが、一部に歩いている者もいる。図左下の黒書院には正月11日に行われる御具足祝（具足之祝）での御具足と御太刀御飾りが見える。御具足祝は古くからの武家の行事で、当日は紅葉山の御武具蔵に収めてある、徳川家什宝の伊予札黒糸素懸威(いよざねくろいとすがけおどし)の胴丸具足を黒書院の床に飾り、太刀と御刀（小刀）も飾る。この具足は徳川家康が関ケ原の合戦の際に着用した鎧で、以後徳川家では勝利を呼ぶ鎧として尊重されていた。また本図右下には城内での足袋の着用期間が付記されている。

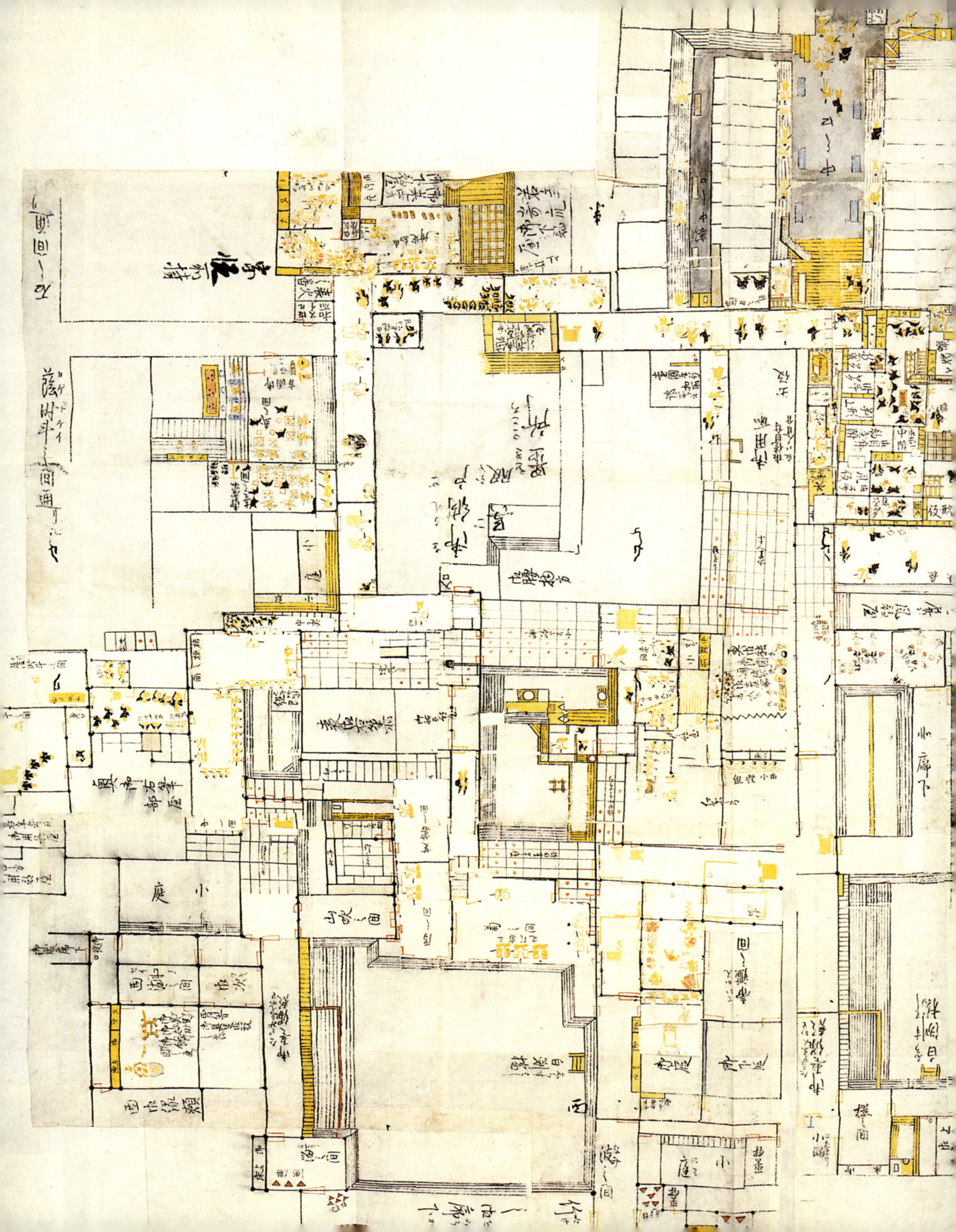
小庭
小庭

江戸幕府の職制

将軍
- 大老①
- 老中②
  - 高家③
  - 側衆④
  - 留守居⑤
    - 裏門切手番之頭
    - 西丸切手番之頭
    - 御台様広敷番之頭
    - 御簾中様広敷番之頭
    - 天守番之頭
    - 富士見宝蔵番之頭
    - 鉄炮玉薬奉行
    - 鉄炮簞笥奉行
    - 弓矢鎗奉行
    - 具足奉行
    - 幕奉行
    - 大筒役
  - 留守居番
  - 大番頭⑥
    - 大番組頭
    - 大番
  - 大目付⑦
  - 町奉行⑧
  - 勘定奉行⑨
    - 勘定組頭
    - 切米手形改
    - 蔵奉行
    - 金奉行
    - 漆奉行
    - 林奉行
    - 川船改役
    - 評定所留役
    - 二条蔵奉行
    - 大坂蔵奉行
    - 大坂金奉行
    - 美濃郡代
    - 西国郡代
    - 飛驒郡代
    - 代官
  - 勘定吟味役
    - 勘定吟味方改役
  - 旗奉行
- 若年寄⑫
  - 書院番頭⑬
    - 書院番組頭
    - 書院番
  - 小姓組番頭⑭
    - 小姓組組番
    - 小姓組
  - 百人組頭
  - 新番頭
    - 新番組頭
    - 新番
  - 持弓筒之頭
  - 先手弓鉄炮之頭
  - 使番
  - 鉄炮方
  - 徒頭
    - 徒組頭
    - 徒
  - 小十人頭
    - 小十人組頭
    - 小十人組
  - 西丸留守居
  - 西丸裏門番之頭
  - 二丸留守居
  - 林大学頭
    - 学問所勤番組頭
    - 小普請方
    - 小普請方改役
  - 小普請奉行
  - 火消役
  - 小姓
  - 目付⑮
    - 徒目付組頭
    - 徒目付
    - 小人頭
  - 納戸頭⑯
    - 納戸組頭
    - 納戸
  - 小納戸
  - 鷹匠頭
    - 鷹匠組頭
    - 鷹匠
  - 鳥見組頭
  - 船手
  - 腰物奉行⑰
    - 腰物方
  - 奥右筆組頭⑱
    - 奥右筆
  - 表右筆組頭⑲
    - 表右筆
  - 膳奉行
  - 御膳所台所頭
- 側用人⑳
- 寺社奉行㉑
  - 寺社奉行吟味物調役
  - 神道方
- 奏者番
- 京都所司代㉒
  - 二条城門番之頭
  - 二条城御殿預
  - 二条城鉄炮奉行
  - 京都代官
- 大坂城代㉓
- 大坂定番
  - 大坂鉄炮奉行
  - 大坂弓奉行
  - 大坂破損奉行
  - 大坂具足奉行

〔評定所〕㉔
- 老中
- 寺社奉行
- 勘定奉行
- 町奉行
- 大目付
- 作事奉行
- 傍聴
  - 留守居組頭
    - 留役
      - 寺社奉行留役
      - 勘定留役
      - 町奉行留役
    - 勘定吟味役
    - 目付
    - 徒目付
    - 小人目付
    - 囚獄
    - 町年寄

〔凡例〕本表はおよそ天明年間の幕府職制を示してある。御目見得以下の職は基本的には省略した。

〔参考文献〕
松平太郎『江戸時代制度の研究』(上) 武家制度研究会 大正8
新見吉治『旗本』日本歴史叢書16 吉川弘文館 昭和42
荒居英次編『日本近世史研究入門』小宮山出版 昭和49
児玉幸多先生古稀記念会編『幕府制度史の研究』吉川弘文館 昭和58

- 大工頭
- 京都大工頭（中井家）
- 作事方下奉行
- 普請奉行⑪
  - 普請方下奉行
- 鑓奉行
  - 千人頭
- 小普請組支配
  - 小普請組支配組頭
  - 小普請世話取扱
- 焼火間番
- （桐間番頭）
- 駿府城代
  - 駿府勤番組頭
  - 駿府勤番
  - 駿府武具奉行
- 駿府城番
- 駿府加番
- 駿府目付
- 駿府町奉行
- 甲府勤番支配
  - 甲府勤番支配組頭
  - 甲府勤番
- 大坂町奉行
- 大坂船手
- 大坂在番
- 大坂加番
- 大坂目付
- 京都町奉行
- 禁裏付
  - 禁裏賄頭
- 仙洞付
- 二条在番
- 長崎奉行
- 浦賀奉行
- 山田奉行
- 日光奉行
- 馬医
- 奈良奉行
- 堺奉行
- 佐渡奉行
  - 佐渡奉行支配組頭
- 新潟奉行
  - 新潟奉行支配組頭
- 羽田奉行
  - 羽田奉行支配組頭
- 久能山総門番
- 下田奉行
- 浦賀奉行
- 信州榑木山支配
- 奥絵師狩野晴川院
- 表絵師北村再昌院

- 御簾中様御膳所台所頭
- 表台所頭
- 中奥番
- 中奥小姓
- 書物奉行
- 賄頭
- 馬預
- 馬方
- 細工頭
- 材木石奉行
- 吹上奉行
- 吹上添奉行
- 浜御殿奉行
- 小石川御薬園奉行
- 小石川御薬園預
- 駒場御薬園預
- 御台様用人
  - 両番格庭番
  - 御台様用達
  - 小十人格庭番
- 御簾中様用人
  - 御簾中様用達
- 姫君様用人
  - 姫君様用達
- 姫君様用人並
- 典薬頭
- 奥法印医師
- 奥法眼医師
- 表法印医師
- 表法眼医師
- 寄合医師
- 御番医師
- 奥詰儒者
- 学問所詰儒者
- 天文方
- 寄場奉行
- 御休息御庭番之支配
- 同朋頭
  - 同朋
- 数寄屋頭

①幕政参与の最高官。臨時に任命される。
②幕府政治の参与。大名を支配し、幕政全般を管轄する。
③幕府の儀式・典礼を司る。
④将軍の近侍。
⑤江戸城の管理官。城内の建物を管理し幕閣不在時には職務を代行する。
⑥幕府直轄の主要軍隊の長。
⑦大名の監察。
⑧江戸の町方の行政、司法を司る。
⑨幕府財政の運営、直轄領の徴税、裁判を司る。
⑩江戸城内などの建築工事を担当。
⑪江戸城内などの石垣普請など土木工事を担当。
⑫幕府政治の参与。老中の次に位置する。旗本以下の支配、将軍家の家宰を司る。
⑬⑭将軍の親衛。
⑮旗本以下、直臣の監察。
⑯将軍家の出納を扱う。
⑰刀剣類の管理。
⑱⑲幕府の書記官。
⑳将軍の側近で、将軍の命を老中に伝える。
㉑全国の寺社および寺社領を支配する。
㉒京都の護衛および朝廷の監視。畿内の政治の参与。
㉓大坂城の護衛、監視。西国の監視。
㉔幕府政治の最高評議会。

町入能

復元＝中西立太

将軍の宣下《せんげ》や代替わりの時、また毎年三月一日に年始の礼と四海泰平を祝って勅使《ちょくし》が朝廷から下向する際には勅使饗応のために能が催された。場所は大広間前の表舞台で、勅使、将軍とともに御三家はじめ諸大名が能を拝観した。さらに、賀儀をともに祝うということで、家康が江戸開府の時に置いた八百八町の家主までを、一町につき二人ずつ招いて観能させた。これが「町入能《まちいりのう》」であった。招かれた町人たちは午前と午後の二部に分かれて、それぞれ大手門前に集まった。

大手門内には御賄方《おまかないかた》の役人が用度掛として出張していて、晴雨にかかわらず

町人たちに傘を一本ずつ与えた。町人たちは裃《かみしも》を着ていたが、混雑した場合の危険を避けるために肩に入っている鯨の骨を抜いた柔らかい裃であった。大広間の白州《しらす》には薄縁《うすべり》が敷かれ、四隅に小松を植えた青竹の囲いの中で能を観賞した。勅使と御三家、諸大名は大広間の二の間から三の間にかけて威儀を正して居並び、板縁の左右には対面して若年寄二人、板縁に南面して南北両町奉行が座る。縁下には警護の小十人組が詰めていた。

一同が着座して五つ（午前八時）ほどになると、将軍が出御して下段に着座する。ここで町奉行が進み出て、御能拝観の理由を町人たちに申し渡すと、当日は祝い事ということで町人からも「親分」「親方」などと声がかかる。若年寄が「御能始めませい」と声をかけると将軍御座《ござ》の前の簾が巻き上げられて、いよいよ能の開演である。能の演目は最初に「三番《さんば》叟《そう》」「高砂《たかさご》」「羽衣《はごろも》」などめでたいものが演じられたが、演目は年によって違っていた。

町人たちには饅頭《まんじゅう》が下賜され、能が正午にかかる場合には握り飯に梅干し・漬物の弁当まで出た。八つ（午後二時）頃に能が終わると、町人たちは観能の記念にと青竹をこっそり折って持ちかえったという。

（中西立太）

城中の儀式と行事

正月元日
兎羹《とそ》　徳川家の祖親氏が上野新田から三河松平郷に移る途中、信州林郷の林光政に兎の吸物を供され、以後武運が開けたという故事にちなむ。老中、若年寄、大目付が相伴にあずかる。
年頭之御祝儀《ねんとうのごしゅうぎ》　参賀。元日～三日に分けて行う。元日は御三卿、御三家、加賀前田家から譜代の諸大名、二日は国持大名以下、三日は無位無官の者や井伊・榊原・奥平の家老、江戸の町年寄らが将軍に拝賀する。

正月二日
掃初之式《はきはじめのしき》　かつて老中の一人がほうきを持って早く出仕し将軍の座所を掃除したとの伝えに由来する。「重きもかろきも有のままに打ちふるまへる有りさま」だったという。

正月三日
判始《はんはじめ》　老中奉書、判物（幕府の重要書類）の作成開始日で「一年の御式のまたなきもの也」というほど重要な日。

正月六日
寺社参賀　増上寺大僧正をはじめ諸国の寺社、山伏などから、将軍が年頭の拝賀を受ける日。

正月七日
伊勢・日光代参　伊勢大神宮、日光東照宮への代参を命じる日。任には高家があたる。
京都御使　京都の天皇へ年賀を伝える高家を任命する日。
また、この日は七草の礼（五節句の一）。

正月八日
平服着用　儀典用の服から裃などの平服への衣がえの日。

正月十一日
具足之祝《ぐそくのいわい》　家康の使用した具足類を黒書院に飾り、江戸開府のころを「身にしみて覚る」日。陣刀には家康の手あかが残っていたという。将軍以下譜代大名、諸役人が拝賀する。またこの日吹上馬場にて弓場始之式、大的が行われる。

御用始　幕府の仕事始めの日。将軍自身が使番を集め命令を下し、また諸役人の役替開始などが行われる。

一月十三日
評定所式日始《ひょうじょうしょしきじつはじめ》　評定所式日（評定所に老中が出席する日で毎月二、十一、二十一日）の開始日。

一月中
馬召初《うまめしはじめ》　正月のはじめに吹上または奥の馬場で将軍が初めて乗馬する日。
鷹狩始　年があけてはじめての鷹狩り。若年寄以下随行の武士に武芸を試させたり、鷹場の民状調査をしたりする。

二月十五日
例年御暇《れいねんおいとま》　諸大名の参勤交代のうち、半年代の大名にはこの日御暇（帰国許可）がある。二月御暇の場合は八月に参勤し、八月御暇は十二月に参勤する。半年代は所領が近い大名が命ぜられる。

二月二十一日
内書渡り　諸大名の三季（端午、重陽、歳暮）の献上に対して将軍の内書を渡す日。この日は歳暮に対する内書渡りで、端午は六月、重陽は十月に内書渡りがある。

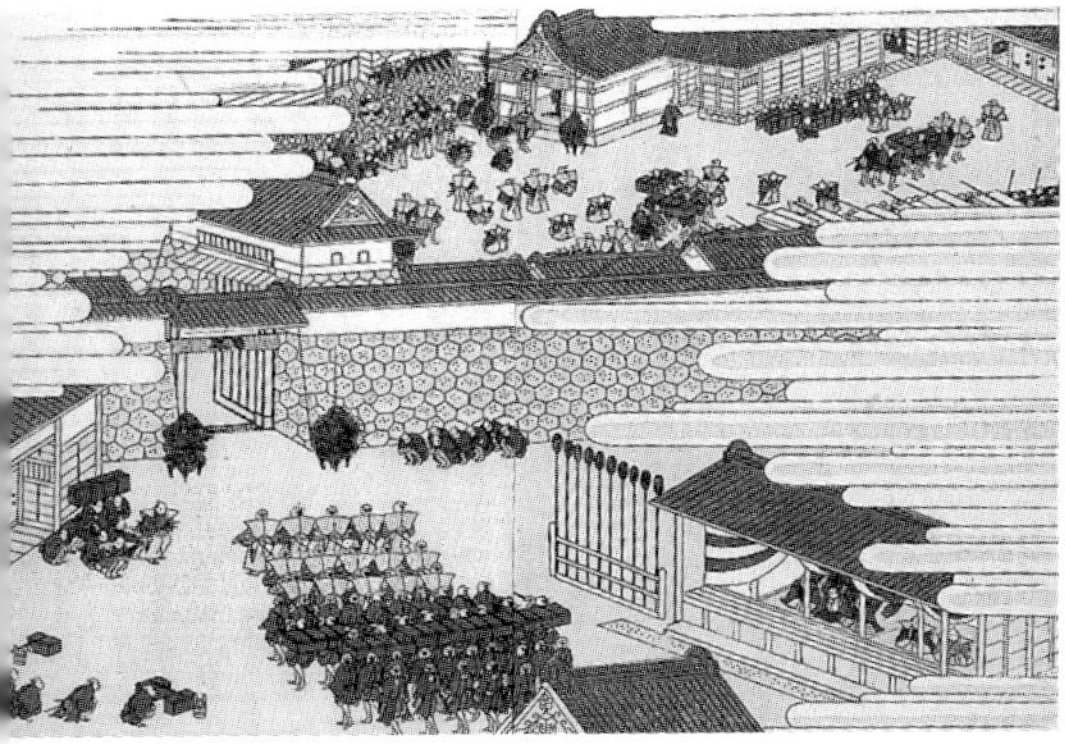
元旦に年始登城する諸大名・諸役人（『徳川盛世録』）

二月上丁日
釈奠《せきてん》　（湯島）聖堂の大成殿に、将軍の名代（側衆より任命）が太刀馬代の金を献ずる日。儒者林家により実施される。八月上丁日にも実施。またこの同日講書始が江戸城内で行われる。

三月三日
上巳《じょうし》　三月三日の祝儀。雛祭。御三卿、御三家以下諸大名、旗本が将軍に拝賀。また将軍から御台所、姫君たちに雛人形が贈られる。

三月中
紅毛人参上謁見　オランダ・カピタンと通詞が登城し、将軍に謁見する日。

四月朔日
更衣　この日より殿中では足袋を使用しない。ただし、大名以上の者は願により着用を許される。

四月十五日
参勤御暇之礼　諸大名の参勤交代の日。この日去年一年在国の大名は登城し参勤を報告、在府の大名は帰国のため御暇を命ぜられる。このほか譜代大名は六月、所領の近い大名は二月、八月に交代する場合がある。

五月五日
端午《たんご》　五月五日の祝儀。御三卿、御三家以下の諸大名、老中以下の諸役人が将軍に拝賀する。また将軍家男子誕生があれば、将軍はじめ諸大名は菖蒲兜を献じ、営中に壇を設けて飾る。そばには槍、長刀などの兵杖を連ねた。

五月十五日
溜詰之面々御暇《たまりづめのめんめんおいとま》　溜詰の譜代大名達に帰国の許可が出る日。

五月下旬
このころ御三家方へ巣鷹（鷹のひな）が将軍より下される。

六月十一日
参勤御礼　譜代大名の参勤御礼日。榊原家、酒井家などがこれにあたる。また同じく譜代大名の御暇（帰国）御礼が十三日にある。

六月十五日
山王祭礼《さんのうさいれい》　麹町山王社の祭日。天下祭の一つである。この日は将軍、御台所も吹上の高殿に桟敷を構え見物する。神輿はそのため江戸城中まで入る。神田明神の祭礼と隔年で行われる。

六月十六日

嘉定《かじょう》　疫気はらいの行事。室町後期に始まると伝えられ、十六個の菓子や餅などを神に供え、のち食する。江戸城では、大広間二の間から三の間にかけて一六一二膳を用意し（天保四年〔一八三三〕の例）、将軍着座の前で諸大名に菓子を与えた。

七月七日

七夕　七月七日の節句。老中、若年寄以下白の帷子長袴を着用する。将軍も白帷子長袴を着用し御三卿、御三家以下諸大名の拝賀をうける。

七月十五日

漁猟上覧　大川筋または浜御庭（今の浜離宮）へ将軍が行き、漁を見物する。

八月朔日

八朔《はっさく》　農村の行事の一つでもあったが、幕府では徳川家の関東入国の日にあたるため重要な年中行事の一つとなった。この日は将軍以下、出仕者、登城の大名たちは白帷子、長袴を着し、御三家以下諸大名、三〇〇〇石以上の旗本の参賀、贈答の儀が行われた。

八月十五日

参勤御暇　二月とともに領地の近い半年代の大名の参勤交代、御暇の礼の日。

八月上丁日

釈奠　二月同様に昌平坂大成殿へ太刀馬代の金が奉納される。

九月朔日

更衣　この日より座敷向などは冬の拵えとなる。

九月九日

重陽《ちょうよう》　九月九日の節句。この日は将軍は花色の小袖、長袴を着用、老中、若年寄も同様に花色の小袖・麻裃を着用する。御三卿、御三家以下諸大名の拝賀がある。

九月十五日

神田明神祭礼　江戸の総鎮守神田明神の祭礼であり、天下祭の一つ。祭神は大己貴命だが、平将門が添まつられると伝えられ、将門を討った藤原秀郷の子孫と称するものは祭礼神輿を拝するのをはばかった。山王祭と異なり将軍の公式見物はないが、御垣間見と称して吹上の高殿で内々に見物した。山王祭と隔年。

九月中

家督《かとく》**隠居**《いんきょ》 **初而**《はじめて》**御目見得**《おめみえ》　この日直臣御目見得以上の家の家督（家の相続者）、隠居の者の拝賀がある。布衣以上の家と以下に分かれて将軍に謁する。

十月初旬亥日

玄猪《げんちょ》　亥の子の祝い。病除けのまじないとも子孫繁栄の祝いともいう。亥の刻に餅を食するならわし。将軍着座のもと諸大名以下餅を供する。

十月中

仙台馬上覧　陸奥仙台の伊達家より馬の献上がある。将軍は吹上の花壇馬場でこれを受ける。上覧の御用を務めた伊達家家老、役人には時服などが贈られる。

十一月中

南部馬上覧　陸奥南部家より御用馬の献上がある。のち仙台伊達家同様に南部家家老、役人に贈物が与えられる。

十一月中

番方《ばんかた》**騎射**《きしゃ》**上覧**《じょうらん》　番方の射手二五人が吹上御庭で挟物とよばれる的を射る。皆日指南した者・射手に各々大判が贈られる。

十二月三日

毎暮御褒美　歳暮褒賞。諸役人へ一年間の労をねぎらって呉服や金銀を与える。老中から下の役人まで行われる。日程はおおよそ三日から五日くらいまで。

十二月十三日

煤納《ちりおさめ》　煤払とも。この日の朝、年男の老中が熨斗目長袴で将軍の座所にほうきをかけて始まり、殿中の塵を払う。

十二月十五日

参勤之礼　半年代の参勤交代の大名のうち、八月に御暇を受けた者の参府の礼。

十二月十六日

官位申渡　叙位。諸大名、旗本に対して任官叙位が一斉に行われる。十二月に任官叙位が行われるのを一同官位と呼ぶ。日程はたいていこの日か十八日に実施される。

十二月二十八日

歳暮　諸大名、諸役人が半袴で出仕し、将軍に拝賀し贈答が行われる。

十二月二十九日

節分　立春の前夜鬼はらいの儀式。江戸城中では年男の老中が将軍の休息所で豆をまく。なおこの日は老中、若年寄のほか必ずしも登城しなくてもよい。

江戸城中の儀式と行事はこのほかに月次之御礼（毎月朔日・十五日・二十八日）があるが省略した。

嘉定銭を拾った家康

嘉定（嘉祥）は室町時代後期に始まるといわれ、起源は不明であるが、神に供えた菓子、餅などを食する行事である。これと家康がある時戦に臨んで１枚の嘉定銭を拾い、この後武運が開けたという挿話が結びついて城中での年中行事になった。

（作画＝中西立太）

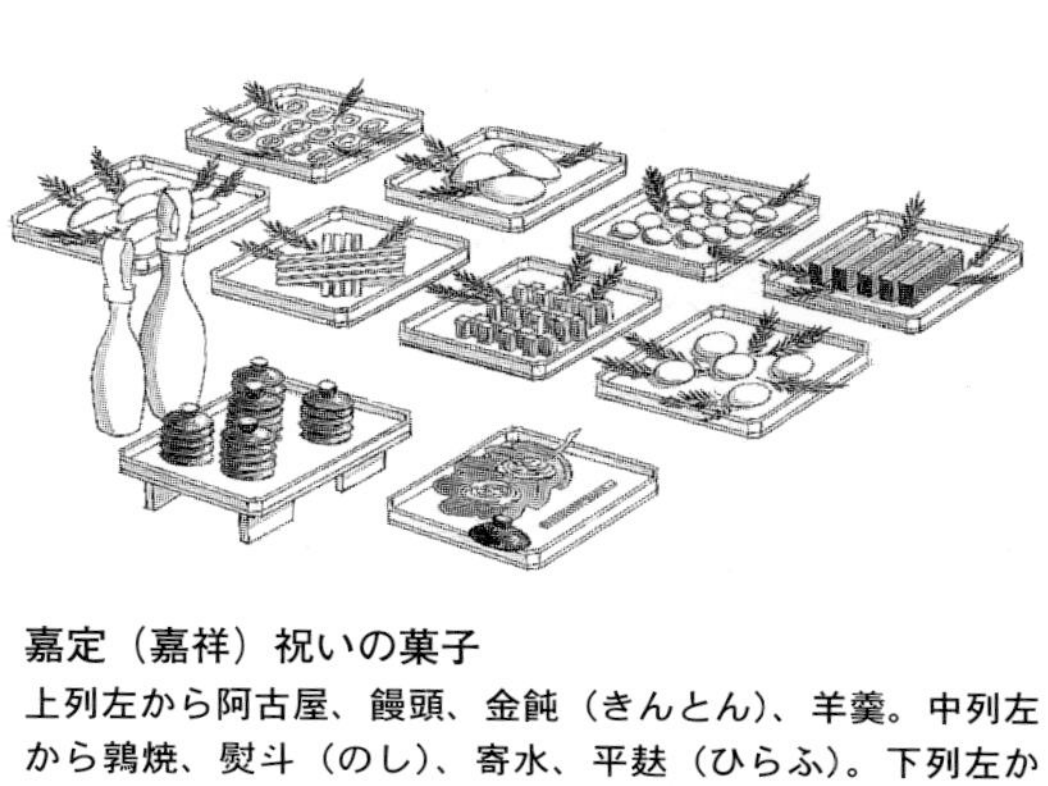

嘉定（嘉祥）祝いの菓子

上列左から阿古屋、饅頭、金飩（きんとん）、羊羹。中列左から鶉焼、熨斗（のし）、寄水、平麸（ひらふ）。下列左から酒、盃、切蕎麦。折敷の上に杉の葉を敷いて、その上に菓子を載せる。

将軍の暮らし

中奥御座の間

●中奥御座の間

御座《ござ》の間《ま》は、黒書院《くろしょいん》の北側に位置しており、将軍が主に政務を執るための部屋であった。ここで将軍は謁見《えっけん》を申しつけたり、役儀を申し渡したりした。五代将軍綱吉《つなよし》の頃までは、御座の間に続く御休息も御小座敷もまだなく、将軍は常に御座の間におり、老中たちも三の間に詰めて諸事を相談、決裁していたが、貞亨《じょうきょう》元年（一六八四）に若年寄稲葉正休《いなばまさやす》が大老堀田正俊《ほったまさとし》を殺害するという事件が起きたため、将軍に万が一があってはと、御座の間と離して御休息や御小座敷が設けられるようになったのである。

御座の間は、上段、下段、二の間、三の間、大溜《おおだまり》、御納戸構《おなんどがまえ》の六室から構成されていた。将軍の謁見所としては最高位の部屋で、御三家、御三卿《ごさんきょう》の入府や帰国の挨拶、遠国奉行の任命や出立の挨拶、三〇〇〇石以上の役人の任命などが行われた。この任命の儀式を「御用召」といった。

御休息と御小座敷は将軍のまったくの個室で御側用人《おそばようにん》と御小姓《おこしょう》しか入ることはできなかった。

●将軍の衣装と髪型

将軍の日常の服は紋付の黒羽二重《はぶたえ》か黒縮緬《ちりめん》の着流しで、裏は茶か浅葱《あさぎ》（薄い藍《あい》色）の羽二重、襦袢《じゅばん》は黄紬《つむぎ》（夏は白麻）、

復元＝中西立太

帯は博多の「独鈷《とっこ》」で御納戸色《おなんどいろ》（ねずみがかった藍色）か紺、萌葱《もえぎ》（青と黄の中間色）で挟帯《はさみおび》に結ぶ。肩衣《かたぎぬ》（裃《かみしも》の上下の色の異なるもの）は唐絽《からろ》の黒、空色、百《もも》汐《しお》（茶色）で、袴《はかま》はすべて茶苧《ちゃお》。袴のみを着ることはほとんどなく、肩衣着用であった。足袋は白木綿《もめん》で、絹製の紐に小《こ》鉤《はぜ》のついたもの。なお、御小座敷でくつろぐ時は白羽二重の白衣と白帯姿であった。

将軍の髪型は時代や年齢で変化するが、幕末では大銀杏《おおいちょう》で、太い白元結《しろもとゆい》を一二～一三本も巻いていた。意外と『偐《にせ》紫《むらさき》田舎《いなか》源氏《げんじ》』の主人公、光氏君の髪型に近いのかもしれない。（中西立太）

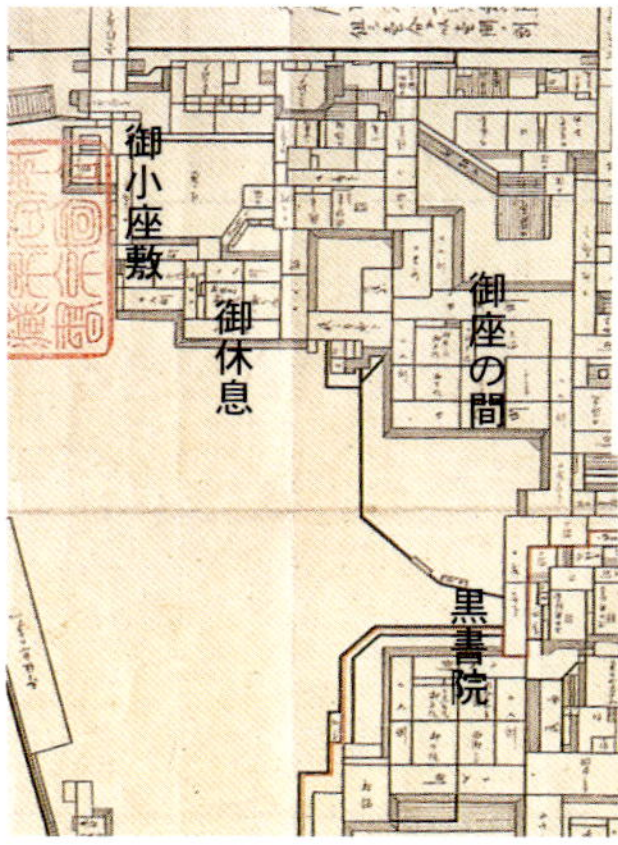

「江戸城御本丸万延度御普請御殿向表奥惣絵図」
（東京都立中央図書館東京誌料文庫蔵）

柳亭種彦『偐紫田舎源氏』の主人公光氏君の髪型

将軍の一日

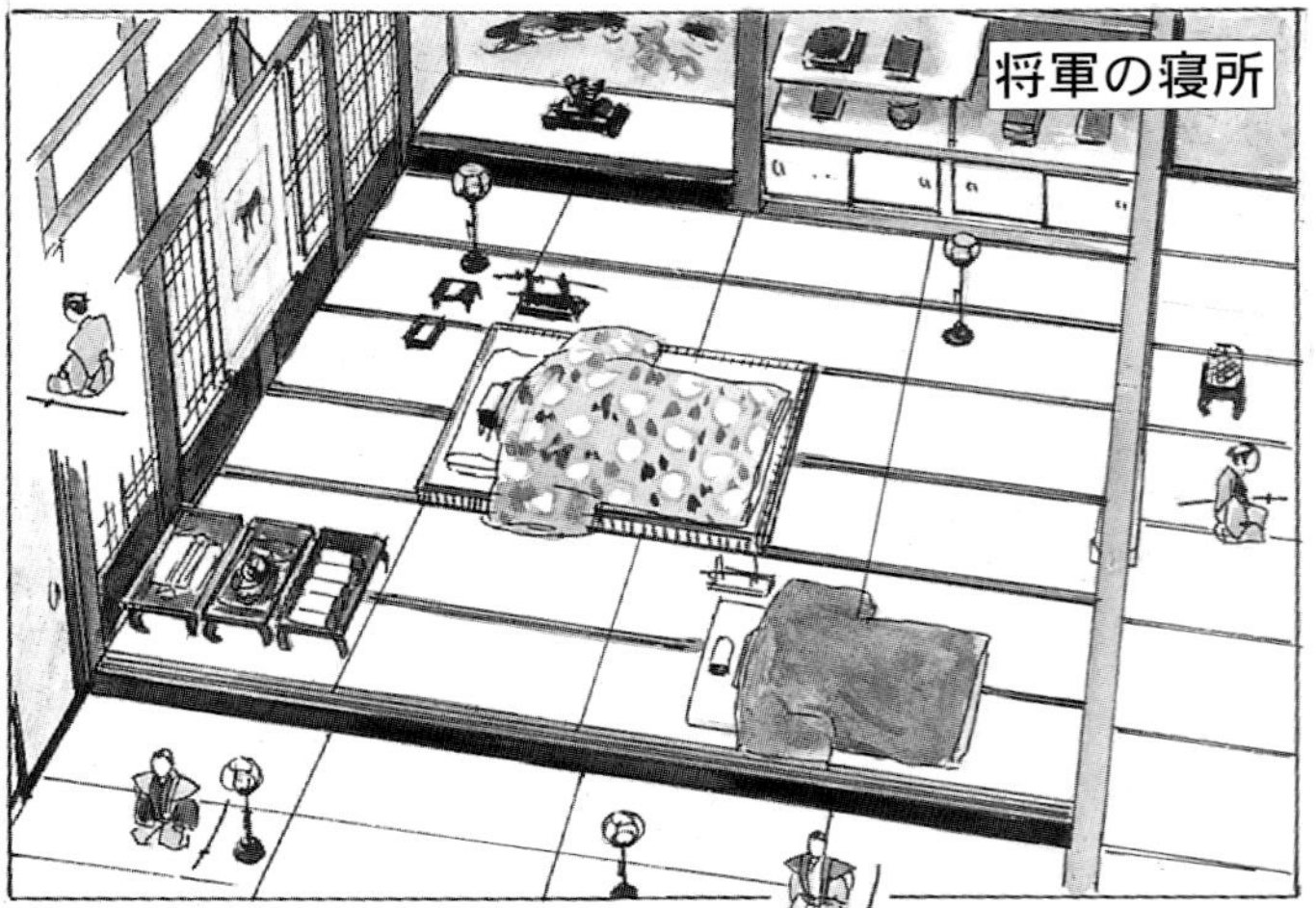

①御休息の上段が将軍の寝所である。まずパンヤの綿毛を入れた上畳を敷き、南枕に三角の木を置いて高くし、茶羽二重の蒲団二枚を重ねる。花色（薄い藍色）の緞子（どんす）か縮緬の表の綿入れの夜着（掻巻〔かいまき〕）をかけ、綿入り緞子の括り枕に紙を一巻きする。寝間着は白羽二重襦袢に、鼠羽二重無垢、柔らかい緞子の帯を二巻きする。着物は着物台に紫縮緬の袱紗（ふくさ）を掛けて東へ置く。横に火事装束、着替え、枕数個を乗せた台が並ぶ。枕は便所に立つごとに替える。刀掛けと鼻紙台は床の間のそば。枕頭の鴨居に貘の掛物が掛かる。小姓が東の隅に寝る。

②朝６時頃「入り込み」の小姓が寝所へ入り、将軍の起床を確かめ「もう」と大声で触れを出す。すると、御小納戸がうがいや洗面の用意を始める。

③うがいは唐草瀬戸の大茶碗を８寸角の台に載せ、そばに湯桶を添え、吐くために鍋島段通（なべしまだんつう）（絨毯〔じゅうたん〕）の上に黒塗りの痰壷を置く。房楊枝で歯を磨く。

④歯磨粉は御典医の手になるもので、塩は赤穂塩の精選されたもの。同じ段通の上に２尺の黒盥（たらい）を置いて湯を入れ、小姓の介添えで糠袋で顔を洗う。

⑤一の膳は飯と汁、二の膳は吸い物、焼き魚などが出る。毒味は御膳奉行が行い、給仕は小姓。朝食中に御髪番の小姓が髪を結う。食後、医師６人が脈を伺う。

⑥10時ごろ裃で奥へ向かう。御小座敷で御台所の挨拶を受け、ともに仏間へ入る。その後、御目見得以上の女中を謁見する（朝食前に奥へ行くという説もある）。

⑦表や御座の間で対面のあるとき以外、食後は御小納戸相手に弓術・剣術・槍術の鍛練に励んだり、書画、謡、舞、笛、鼓などを楽しむ。

⑧午後は御側取次２～３人に老中からの未決裁の伺い書面を読ませる。決裁分には札をはさみ、再考分はその旨を伝える。

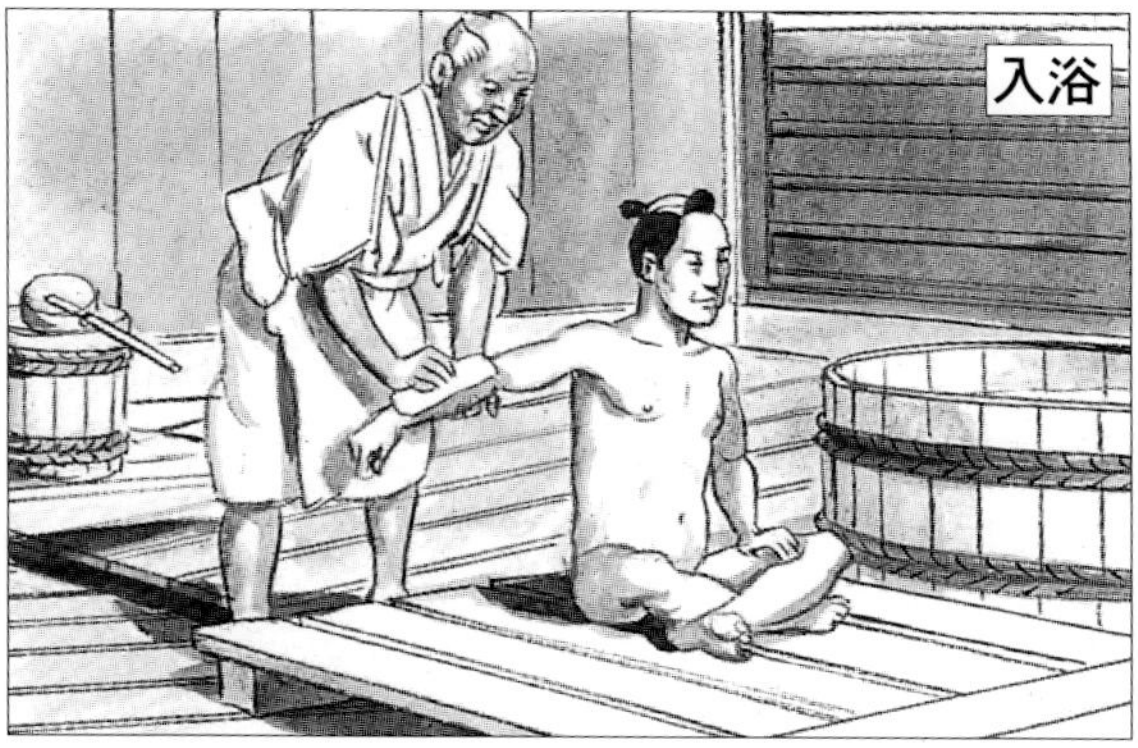

⑨将軍の入浴は夕方だが、将軍によって入浴は毎日であったり、２～３日ごとだったりした。

⑩夕食は午後6時頃とる。大奥へ入るときには着流しでいく。精進日（歴代将軍の命日や東照宮に参拝する前日）には大奥へは入らない。中奥で寝るときはそこで夕食。夕食後は小姓相手に囲碁や将棋、雑談などでくつろぐ。就寝は午後10時頃。

（作画=中西立太）

武芸上覧

三代家光《いえみつ》は武断政治を強力に推し進めて徳川政権を磐石のものとしたが、そうした性格を反映してか、大変な武芸好きで、鷹狩りなども好んだ。特に晩年、病がちになってからは気をまぎらすこともあってか、各大名の家臣から武芸上手を召してたびたび御前試合を行わせている。

慶安《けいあん》四年（一六五一）頃に行われたこうした家光主催の御前試合をもとに、その後、創作されたものが講談「寛永《かんえい》御前試合」である。その内容は塚原卜伝《つかはらぼくでん》、由《ゆ》井《い》正雪《しょうせつ》から柳生十兵衛《やぎゅうじゅうべえ》、荒木又右衛門《あらきまたえもん》までお馴染みの剣豪たちが時代を構わず登場し、それぞれがもっともらしく試合をするという荒唐無稽の、いわば剣豪小説の走りともいえるものである。

では実際の御前試合はどのようなものであったのだろうか。家光の時代から上覧試合は表の白書院《しろしょいん》の広縁で行われたが、天保《てんぽう》十三年（一八四二）九月二十四日に、十二代将軍家慶《いえよし》が行った上覧試合を再現したのが上図である。家慶は当日、白書院下段の間に嫡子家定《いえさだ》と並んで座して広縁で行われる演武を見た。左側の帝《てい》鑑《かん》の間《ま》の入側《いりかわ》前列に老中たち、後列に若年寄たちと、その後方に大目付が座った。試合の前日、「奥詰め衆、御奏者番及び布衣《ほい》（六位）以上の役人は見物勝手たる

べし」との通達があり、帝鑑の間の中には御側衆《おそばしゅう》を前列に奥勤めの面々が居並んで見物した。家慶が若年寄堀田摂津守《ほったせっつのかみ》に会釈すると、摂津守が左手の縁側に控える御目付に会釈をして上覧試合の開始となる。

最初は剣術で、新当流、弘流、心形《しんぎょう》刀流《とうりゅう》、三和無敵《みわむてき》流、新陰《しんかげ》流、小野派一刀流など一四流派の形や秘伝が披露される。ただ、全部で二七番ある剣術の中で、「試合」と呼ばれたのは一七番目の小野派一刀流、西の丸御書院番士の松平邦三郎と総領の源之丞《げんのじょう》が行ったものだけで、あとは一四が「仕合」、一二が「形」となっていた。おそらくは「仕合」は「形」の中でどのように間合いを詰めるかというものであり、実際に打ち合う「試合」は腕に大きな差のある親子間でのみ行われたのであろう。

次が槍術で大島当流、本心鏡智流《ほんしんきょうちりゅう》、無辺無極《むへんむごく》流、宝蔵院《ほうぞういん》流などの一〇流で全一六番。さらに柔術の起倒《きとう》流、揚心院《ようしんいん》流の二流六番続いたが、柔術同士の組み合わせではなく、すべて打太刀相手の実戦的な柔術の形の披露であった。最後に行われた長刀《なぎなた》も留多流、三和無敵流いずれも打太刀相手の形であった。

（中西立太）

征夷大将軍と徳川氏

●征夷大将軍の由来

慶長《けいちょう》五年（一六〇〇）九月、石田三成《いしだみつなり》率いる西軍の諸将を関が原の一戦に破り、ほぼ天下を手中にした徳川家康が「征夷大将軍《せいいたいしょうぐん》」に任じられたのはその三年後の慶長八年二月である。以来家康は江戸に幕府を開き、将軍位も代々引き継がれ、一五代将軍慶喜《よしのぶ》が、大政を奉還して将軍を辞する慶応《けいおう》三年（一八六七）十一月まで、実に二六五年間続いた。

この時代を一般に「江戸時代」という。

ところで、この「征夷大将軍」とはどのような地位か。その起源は古く、平安時代初期の延暦《えんりゃく》十三年（七九四）、当時蝦夷と呼ばれていた東北地方一帯を征討するために設けられた臨時の官名で、大《おお》伴弟麻呂《とものおとまろ》、次いで坂上田村麻呂《さかのうえたむらまろ》、文屋《ふんやの》綿麻呂《わたまろ》が任命された。だが、弘仁《こうにん》二年（八一一）以降途絶えていた。

しかし、平安時代末期の元暦《げんりゃく》元年（一一八四）、平家を追討した木曽義仲《きそよしなか》が、源義経・範頼《のりより》との決戦を前に任じられた（一説に自ら名のった）ことはあるが、鎌倉に幕府を開いた源頼朝が武家の棟梁としてこの地位を強く望み、建久《けんきゅう》三年（一一九二）七月に任じられて復活した。

以後、鎌倉幕府を倒して室町幕府を開いた足利氏によって代々引き継がれ、一五代将軍足利義昭《あしかがよしあき》が、織田信長によって追放される天正《てんしょう》元年（一五七三）まで続いた。なお、天下を統一した豊臣秀吉も、強くこの地位を望んだが、代々源家の棟梁に与えるべきものとして果たせず、やむなく「関白」となったとのいきさつもある。

●徳川氏の出自

では、徳川家康はいかにしてこの将軍位を手に入れたのか。

このことについて『日本の近世（第二巻）』（中央公論社刊）で、筆者の専修大学教授辻達也氏は、近世に入っての徳川家の公的系図を『尊卑分脈』から、家康からさかのぼる方法と、新田氏の祖義重からたどる方法で丁寧に検証し、「十四世紀半ばから一世紀ばかりの間は、徳川氏に限らず結びつけがたい」と記している。

一方徳川家康が松平姓であったのは衆知の事実である。このことに関して近衛家の陽明文庫に所蔵されている当時の関白近衛前久《このえさきひさ》がその子信尹《のぶただ》にあてた書状から、次のような興味ある話も記している。

徳川家康が、三河《みかわ》一国を領有したのは永禄《えいろく》七年（一五六四）である。よって彼はその証として三河守を望んだ。だが正《おう》親町《ぎまち》天皇に「先例のないこと（氏・素姓が定かでない者）はできない」と拒否されてしまった。そこで彼はつてを求め、近衛前久、神祇官吉田兼右《よしだかねすけ》に金品を贈り斡旋を依頼した。そこで吉田兼右が、万里小路《までのこうじ》家の記録から「徳川」という源氏の流れをくむ家系で、その総領家は藤原になったという他家にない系図を見つけだし、それを鼻紙に写し取って帰り、改めて鳥の子紙（和紙）に清書して系図に仕立て、それを先例として勅許を得た、というのである。

かくて家康は松平姓を捨て「徳川三河守藤原家康」を名のる。だが覇権に近づくにつれ、源家を自称し、念願の征夷大将軍位を得るに至る。だが、その二年後には秀忠に、秀忠もまた元和《げんな》九年（一六二三）長男家光に将軍位を譲っている。

このことについて辻達也氏は「朝廷の影を払いのけようとしたと理解したい」と記している。時に家光は二〇歳、気性活発で一八歳にして柳生宗矩《やぎゅうむねのり》から剣法の奥義を受けるなど、武芸・狩猟を好んだ。また気宇も壮大で、絢爛豪華な日光東照宮は彼の大改築で成ったものである。

（早川純夫）

徳川将軍家・御三家・御三卿関係系図

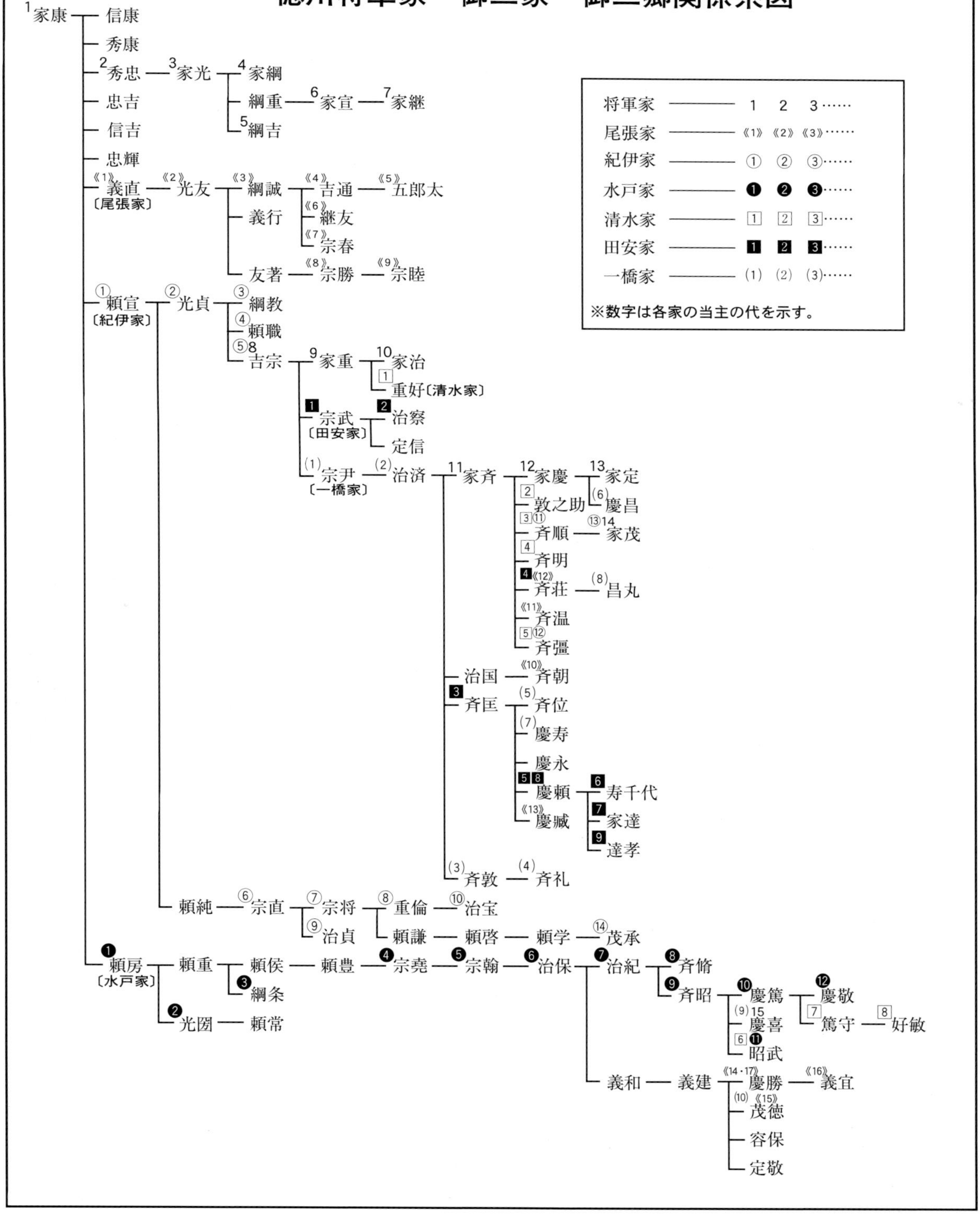
1家康
信康
秀康
2秀忠
3家光
4家綱
綱重
6家宣
7家継
5綱吉
忠吉
信吉
忠輝
《1》義直〔尾張家〕
《2》光友
《3》綱誠
《4》吉通
《5》五郎太
義行
《6》継友
《7》宗春
友著
《8》宗勝
《9》宗睦
①頼宣〔紀伊家〕
②光貞
③綱教
④頼職
⑤8吉宗
9家重
10家治
1重好〔清水家〕
1宗武〔田安家〕
2治察
定信
(1)宗尹〔一橋家〕
(2)治済
11家斉
12家慶
13家定
(6)慶昌
2敦之助
3⑪斉順
⑬14家茂
4斉明
4《12》斉荘
(8)昌丸
《11》斉温
5⑫斉彊
治国
《10》斉朝
3斉匡
(5)斉位
(7)慶寿
慶永
5 8慶頼
6寿千代
7家達
9達孝
《13》慶臧
(3)斉敦
(4)斉礼
頼純
⑥宗直
⑦宗将
⑧重倫
⑩治宝
⑨治貞
頼謙
頼啓
頼学
⑭茂承
❶頼房〔水戸家〕
頼重
頼侯
頼豊
❹宗堯
❺宗翰
❻治保
❼治紀
❽斉脩
❾斉昭
❿慶篤
⓬慶敬
7篤守
8好敏
(9)15慶喜
6⓫昭武
❸綱条
❷光圀
頼常
義和
義建
《14・17》慶勝
《16》義宜
(10)《15》茂徳
容保
定敬
将軍家 1 2 3……
尾張家 《1》 《2》 《3》……
紀伊家 ① ② ③……
水戸家 ❶ ❷ ❸……
清水家 1 2 3……
田安家 1 2 3……
一橋家 (1) (2) (3)……
※数字は各家の当主の代を示す。

中奥御湯殿

御湯殿は中奥御休息の後ろにあり、湯上りに一服する囲炉裏《いろり》の間《ま》、梅の間がついている。湯殿の東西に小さな白州《しらす》の坪庭がついており、屋根には湿気抜きの小さな破風《はふ》がついている。おそらく夏などは、この白州に面した板戸を開けて入浴したのではないだろうか。

夕方、将軍が入浴する時は、御上り場で小姓《こしょう》が脇差を床の刀掛に掛け、将軍の帯を解き御召台の上に置き、脱いだ御召物も載せる。御湯殿では、筒袖《つつそで》、襦袢《じゅばん》の御小納戸《おこなんど》役《やく》が、糠袋《ぬかぶくろ》を七～八袋持って控え、それで将軍の身体を洗う。糠袋は顔、手、背、腹、足など一か所に一つずつ使い、洗い終わると捨てる。別の桶に用意した上り湯を将軍の身体にかけると、将軍は御上り場に出る。台の上に白木綿《しろもめん》の浴衣が一〇枚ほどあり、これを次々に着せ替えて身体の水気を取る。七～八枚で肌の水気が取れると、新しい御召物を着る。

入浴はだいたいこの手順だが、この陰で働く何人かの人がいたはずである。ありそうな役を考えると、着付をする御小納戸役二人ぐらい、湯を汲み入れる板戸の外で、警備と御用待ちをする御小納戸役、外の戸口で控える御釜処《おかまどころ》の役人、囲炉裏の間で茶を立てる同朋衆《どうぼうしゅう》など、将軍の入浴のために七人ぐらいの人が働いていたことになる。風呂は、沸かし湯でなく給湯式だが、御釜処は、おそらく、右下の大戸を出て右方の小部屋がそうであろう。

（中西立太）

（復元＝中西立太）

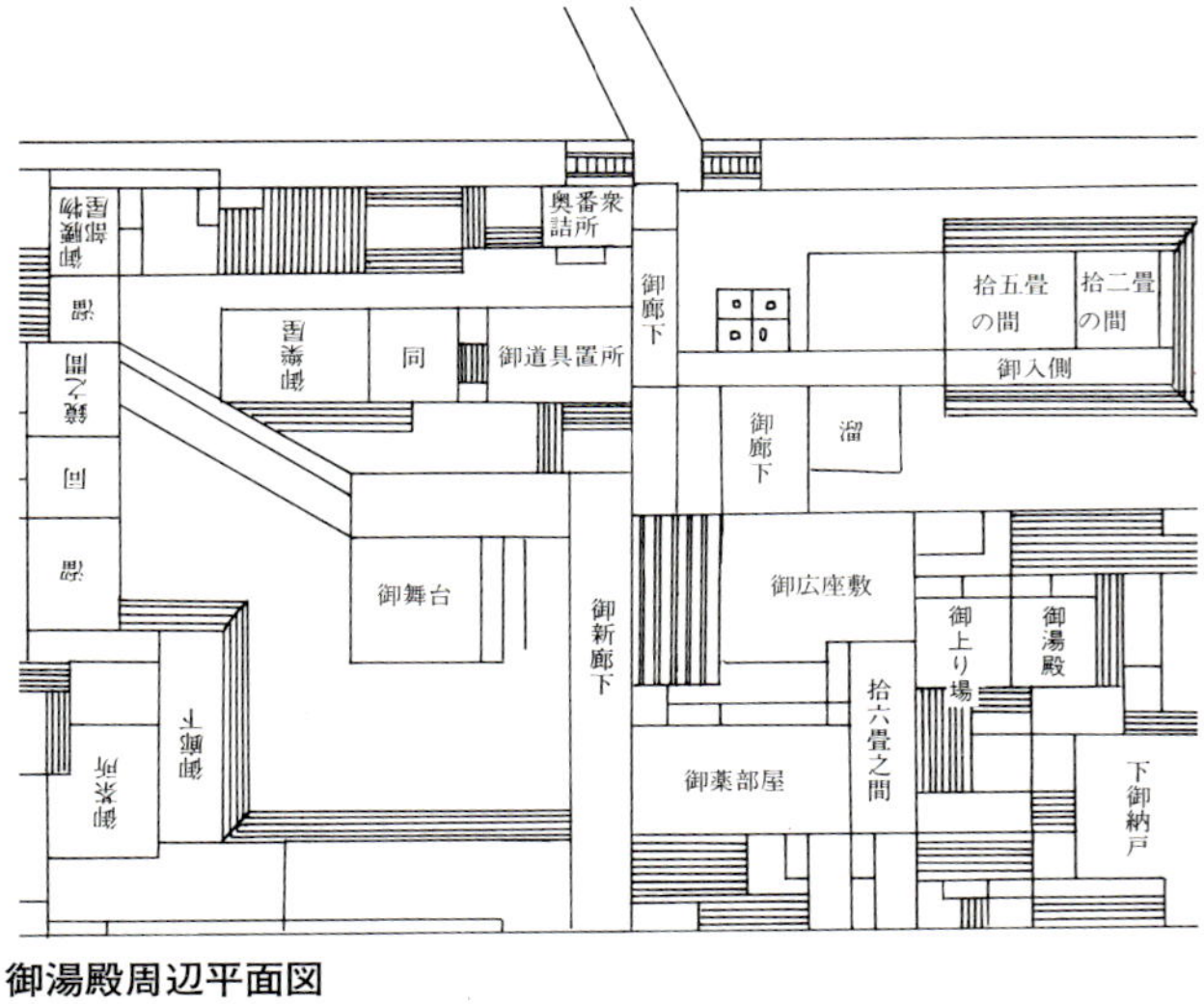

御湯殿周辺平面図

梅の間
囲炉裏の間
御廊下
御廊下
白州
御上り場
御湯殿
御装束の間
白州
拭板
御絵部屋
上り板
御腰物部屋

将軍の食事・入浴

●食事

将軍の朝食は午前八時、御小姓の「もう」と触れる合図でかねて御広敷御膳所《おひろしきごぜんしょ》で用意された食事を器物に入れ「御膳立の間」（笹の間という）へ運ぶ。ここで御膳奉行の毒味があり、御膳番の御小納戸が受け取って「お次」に運ぶ。ここに大きな炉があり、鍋などいくつも用意され、ここで掛盤《かけばん》という四足の膳へ飯碗、汁碗、香の物を載せて、「小座敷」に運ぶ。運び役は御小納戸、給仕は小姓の任である。食事は案外質素で、朝は「汁」と「向う付け」（刺身や酢の物など）「平」（平碗）、二の膳に吸物と「皿」、この皿には鱚《きす》の塩焼と付け焼の二通りが入っており、一日、十三日、二十八日の三日は「尾頭付」と称して鯛や鮃《ひらめ》を付けた。

将軍にもよるが、昼食と夕食は大奥でとる場合が多く、春季の一例をあげれば汁は鯉こく、皿は鯛の刺身、置合せは蒲鉾《かまぼこ》、玉子焼、鴨の焙《あぶ》り肉、焼魚は鱚でほかに鮑《あわび》、お壺はからすみで好みにより銀製の銚子で酒もつけた。

また八つ時（午後二時～四時）の菓子には羊羹《ようかん》、饅頭《まんじゅう》、あるいは御菓子調進所の白銀町（日本橋）の「大久保主水《おおくぼもんど》」（屋号）、本石町（常盤橋《ときわばし》）の「金沢丹波《かなざわたんば》」（屋号）からの蒸物も用いた。

なお御膳所で用いない食材を記すと、野菜類では葱《ねぎ》、韮《にら》、辣韮《らっきょう》、つく芋、藤豆、莢豌豆《さやえんどう》、海藻の若芽、鹿尾菜《ひじき》、荒布《あらめ》。魚類ではその時代にもよるのであろうが、鰶《このしろ》、秋刀魚、鰯《いわし》、鮪《まぐろ》、鮫、河豚《ふぐ》、川魚では鯰《なまず》、泥鰌《どじょう》、鮒《ふな》は用いなかった。また貝類では牡蠣《かき》、浅蜊《あさり》、赤貝は用いず、肉は鶴、雁、鴨、兎以外は一切用いなかった。

もっとも、将軍によって「好み」もあり、膳所に命じたり、膳所から伺いも立てたりしたが、豚肉を好んで「豚一殿《ぶたいちどの》」と蔭口された最後の将軍慶喜《よしのぶ》は何処でそれを口にしていたのであろうか。

●入浴

夕暮れになると将軍は小姓をつれて「御湯殿」に入る。そこには「御上り場」という八畳の床の間に刀掛のある部屋があり、この室に続いて四坪の左右に中窓のついた板の間があり、楕円形で差渡し一・五メートルほどの風呂が据えられている。御湯殿では脱衣から、入浴、湯上がりまで小姓や御小納戸がかいがいしく働いて将軍の入浴を済ませた（六〇ページ参照）。

中奥台所（復元=中西立太）　将軍はじめ御小姓や御側衆たちの食事を用意する大厨房であった。左下は台所の欄間の霊獣の彫物。

将軍の御用場想像図（復元＝中西立太・作画＝江口準次）

御小用箱（右）と御樋箱（左）
御小用箱は白木、御樋箱は溜塗。

●便所

便所は「御座《ござ》の間《ま》」と「御休息の間」の萩《はぎ》の廊下に続いてあり、入口には用後の手洗い用として湯桶、盥《たらい》などが備えつけられており、庭に面した部分は高塀になって見えぬようになっている。

大便所・小便所はそれぞれ一坪（約二平方メートル）で二枚の障子で隔てられており、入口は杉戸である。中に溜塗「引きだし」付の御樋《おひ》箱が用意され、将軍が一度用を終えると直ちに「引きだし」を抜いて掃除し、新しい紙を敷いておく。

このとき、掃除人は地下通路を通って処理した、との説もあるが定かでない。

なお、便所内には冬季には約三〇センチメートルほどの金網付きの火鉢が二箇置かれ、夏季には蚊遣《かや》りを焚き、小姓が団扇《うちわ》で風を送ったりした。また、脇に金網掛けの行灯《あんどん》があり、夜分将軍が用に立つときは小姓がこれに灯をつけた。

なお、大奥にも「御用所」と称する四畳ほどの女性用便所が随所にあり、内は二間に仕切られ、一間は御付きの者の詰所となっていた。なお、ここでは男子便所のような御樋箱は用いず、地中深く「万年」と称する丸形井戸を掘り、そこへ流す仕組みとなっていた。

（早川純夫）

大奥御鈴廊下

ズリ
荷物運搬用の板。長さ１間・幅６～７寸のものと、長さ４尺・幅１尺のものがあった。厚さは１寸。

江戸城中で最もミステリアスでまたロマンチックな雰囲気を漂わせていた場所の一つが「御鈴廊下《おすずろうか》」ではないだろうか。

俗に「後宮三千人」ともいわれた大奥への入口である御鈴廊下は、昔から映画やテレビなどの大奥物でいろいろと創作されているが、これぞ決定版というものは見当たらないようである。幸いに万延《まんえん》度の御鈴廊下の図面史料（地絵図《ちえず》・矩計図《かなばかり》）が残っているので、それを基に復元を試みたものが上図である。ただし、扉と天井の張付けの絵は全くの想像である。

右方は御湯殿のある中奥御小座敷《おこざしき》からの廊下で、突き当たり右手に上御鈴廊下がある。下御鈴廊下は中奥と大奥のちょうど中央部にあった。

上御鈴廊下は、大奥の側では幅一丈六尺余（約四メートル八〇センチ）の大廊下であるが、この中奥と大奥が接する部分で二列に仕切られていた。九尺七寸（約二メートル九四センチ）の大きな杉戸の方が将軍の専用通路で、六尺五寸（約一メートル九七センチ）の小さな杉戸は、おそらく中奥と大奥を自由に往来できた唯一の役職者である御坊主（女性）の通路であった。杉戸は二間（一間＝六尺五寸）の間隔をおいて二重になっており、こちらの中奥側では男性、大奥側で

復元＝中西立太

は女性が開けたと思われる。

御鈴廊下の名の起こりは、将軍が大奥入りする時に中奥側から紐を引くと、紐に付いた鈴が鳴って、廊下の奥にある御鈴番所にいる御錠口《おじょうぐち》が戸を開けに来る仕掛けからきている。

推定であるが、紐は天井近くから滑車で吊り下げられていて、番所までは二〇間（約三九メートル）もあるために、二間間隔ほどで天井から別の紐で吊っていたのではないだろうか。とすると、鈴はいくつか付いていたことになり、「チリンチリン」といった涼しげな音ではなく、「グウグウ」となったという話の方が本当らしい。

（中西立太）

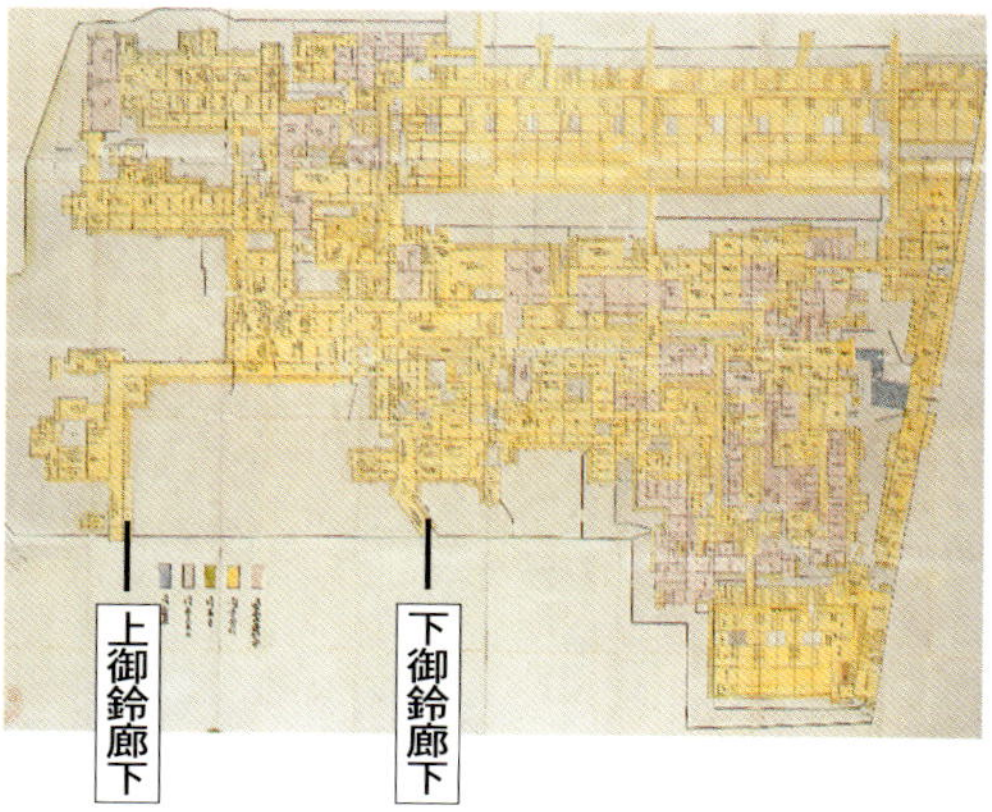

「大江戸御本丸大奥向惣絵図」
（東京都立中央図書館東京誌料文庫蔵）

将軍と大奥

●将軍の奥入り

大奥は御殿向（将軍の寝所、御台所《みだいどころ》や将軍子女の居室、奥女中の詰所などがある）、広敷《ひろしき》役人の詰所がある広敷向、奥女中たちの居室がある長局向《ながつぼねむき》からなっていた。

大奥は原則として将軍家以外の男性は全く立ち入ることができない男子禁制の世界であったため、中奥とは銅瓦塀によって厳重に仕切られていた。わずかに二本の御鈴廊下のみが中奥と大奥をつないでいた。

将軍は朝の総触れで大奥入りし、対面所で御台所や奥女中たちの挨拶を受けた。神仏に祈る時は裃《かみしも》を着用したが、普段は着流しで大奥に入った。この際に将軍の佩刀《はいとう》は中奥の小姓から御坊主（女性）に、小刀は将軍から御付《おつき》の御中臈《ごちゅうろう》に手渡された。御小座敷下段の間で御台所および御付の御年寄と中年寄、御中臈たちに出迎えられた将軍は、御座の間へ向かい、そこで総御目得する。

将軍の大奥での寝所は、上御鈴廊下を大奥に入って左手にある御小座敷である。将軍の奥泊りが伝えられると、御台所あるいは側室は、御年寄と御中臈をお供に、ここで将軍を迎える。将軍は蔦《つた》の間《ま》で歓談や茶など飲み、上段の間で御台所あるいは側室と同衾した。供の奥女中は下段の間で宿直した。

●将軍と御台所の一日

さて、大奥における御台所と将軍の行動を、御台所を中心に追ってみよう。

寝所と起床

御台所の寝所は御台所御座所の切形の間である。寝間着は白羽二重《しろはぶたえ》で緋縮緬《ひじりめん》の芯なし帯を結ぶ。寝る時は御台所を真ん中に、中年寄と御中臈がおそばにつき、四人の御番中臈は次の間で宿直《とのい》する。朝は、御中臈が御台所が目を覚ますのを見計らって、「お目ざめになってもよろしゅうございます」といい、お髪あげの掛りの御中臈が、寝たままの御台所の髪を梳《す》く。髪を梳き終わると口をすすぐ。

入浴と化粧

御台所の入浴は普通は朝で、午後は稀であった。湯は御三の間（奥女中）が玄《げん》蕃桶《ばおけ》で汲み込んで、御中臈が湯加減をみる。専用の湯着と帯を付けた御中臈が裾を高くとり、たすきをかけて、御台所の体を洗う。入浴がすむと御納戸で化粧をする。小姓の介添えで髪洗いと洗顔をし、襟元までの白粉を塗る。鉄漿付《かねつけ》（御歯黒の液を塗る）は御台所自らがする。緋縮緬の朝お召しに被布を着て、化粧の間へ行く。

朝食・総触れ召し

化粧の間で髪を結わせながら、朝食をとる。中央に懸盤《かけばん》（食器を載せる台）、左右に三方が置かれ、中年寄が飯櫃から片手給仕で飯をよそう。

食後はお茶に金平糖、菓子昆布のデザートをとった後、御納戸《おなんど》へ行ってうがいと洗顔をする。白粉を塗って口紅をさし、

将軍御寝の図（『風俗画報』）

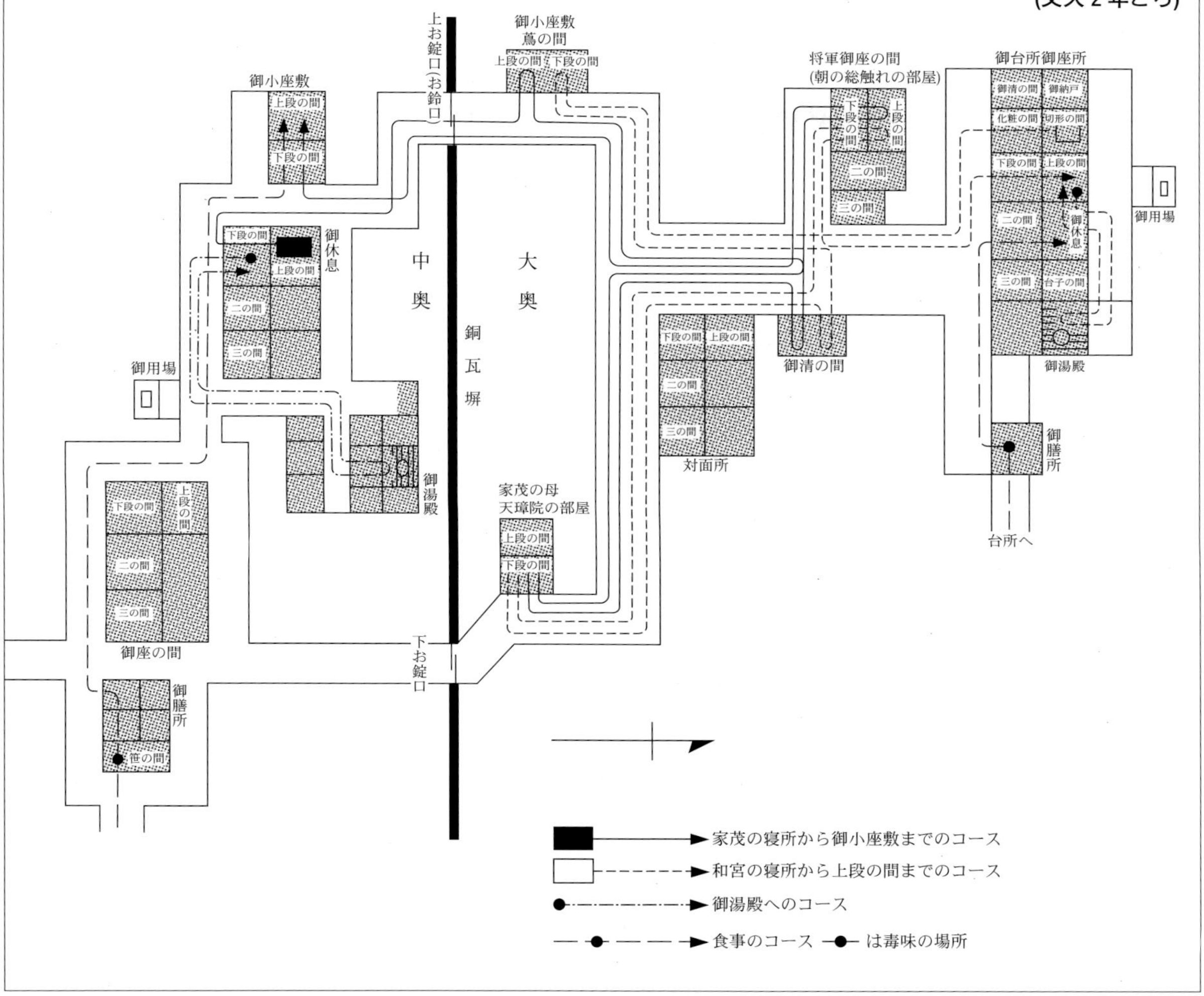

第14代将軍家茂と御台所和宮の朝の行動
(文久2年ごろ)

総縫いのお召しに着替える（総触れ召し）。足袋は白木綿《しろもめん》で一日ごとに替える。

総触れ

身支度をととのえた御台所は、御年寄四人と中年寄、御中臈頭、御中臈六～七人を連れて、上御鈴廊下の御小座敷下段の間で将軍を迎えることになる。将軍とともに御清《おきよ》の間《ま》で拝礼した後、将軍御座《ござ》の間《ま》で総御目見得する。

ここまでが御台所の朝のおもな行動である。総御目見得がすんだ後は、御台所は縞縮緬《しまちりめん》の昼お召しと被布に着替える。午前中は書画や歌合、茶の湯、生花、香合、琴、三味線や時には囲碁、将棋、双六、細工物などをして過ごす。

午後は、大奥対面所で縁者に会うなどする。夕方になると白羽二重の夕お召し（下の間着《あいぎ》は朝夕とも色物）を着る。端をくけた芯なし幅狭の縮緬帯をしごきに結ぶ。将軍の奥泊まりが伝えられた時は、御小座敷で将軍を迎えた。

（中西立太）

大奥の暮らし

御台所の御殿

御方とよばれる御台所の御座所（松御殿〔弘化度〕）である。上段の間は、御台所が食事をしたり、ごく親しい人間と対面する所である。食事は一の膳、二の膳が出る。後ろに小姓が２人、正面に御年寄、その右に中年寄が御飯櫃、御換盆で控え、左後ろに御中臈が御換盆を持って控える。御年寄が長い柳箸で一箸、魚をむしって差し上げると、「御換りを」と命じ、御休息の間に据えた３尺に４尺の御懸盤の上から新しい魚を差し上げる。御台子の間で、御次が銀の瓶に煎茶を点て、小姓が小室焼の茶碗を添えた三方で運び、御中臈が入れて差し上げる。将軍と御台所の御寝は、上御鈴廊下の御小座敷だが、将軍の御成がないときは、切形の間で寝る。中年寄、御中臈が下手へ休み、御中臈４人が宿直をする。髪結いと朝食は御化粧の間で行い、洗顔、化粧、一日５回の御召替えは御納戸で行う。

御湯殿では御湯掛りの御中臈が４尺四方の栗の板に座る御台所を糠袋で洗う。前の小桶に湯と水が用意され、７～８寸の大びしゃくで湯温を調節したり、上り湯としてかけたりする。御用場（便所）は二畳敷で、便は途中に鉄格子を張った万年という深さ数間の丸井戸に落ちる仕組みで、汲み取りはしない。

御清の間は仏間である。御台所と御坊主しか入れない。

御台所は普段は御休息にいて、常にそばに２人の御中臈がいる。御年寄、中年寄、御中臈五人、元服小姓１人、小姓１人がそれぞれ二交代制で、二の間、三の間に詰めている。上段、御休息の南の襖障子は夏だけで、冬は普通の襖になる。梯子の所の雨戸には、非常用の開きのくぐり戸がついている（昼は雨戸入に収納）。御座所の床下には炭を詰めて、湿気を防いでいる。

御台所の衣服には、式日や季節によっていろいろのしきたりがあるが、着物の形式や布地の知識がほとんどない現代では、これを説明することは非常に難しい。一般に５月５日からは単衣物、６月～８月は帷子（かたびら）、９月１日から８日まで袷（あわせ）、10日から５月５日まで綸子（りんず）、打掛は９月９日からつける。夏の式日は図左の提帯（つけおび）に打掛の袖を通して腰巻きにする。

復元＝中西立太

御台所の衣装と髪型

着物が普段着でない現在、その部分名称も知らないわれわれが江戸期の服制を理解するのは、大変難しい。江戸時代の女装を理解する上での基本は、女性の年齢による通過儀礼と、それに伴う髪型と服制の変化を知ることである。

武家の男子に元服のあることはよく知られているが、女子にもあり、初潮のある一二歳から一五歳くらいの間に元服する。元服前は高島田に縞縮緬《しまちりめん》、後帯の着物だが、元服式で髪上げ、鬢《びん》そぎ、初笄《ういこうがい》、裳着《もぎ》などの儀式をした後は、髪は吹き輪となり、縮緬の間着《あいぎ》に後帯、打掛《うちかけ》の姿になる。袖は留袖《とめそで》が多くなるが振袖でもよい。

結婚すると、民間では娘時代の島田から丸髷《まるまげ》に変わり、留袖、前帯になり、眉も剃り歯も黒く染める。武家では、吹き輪のまま振袖、後帯、打掛で歯も染めなくてもよいが、眉だけ剃ることがあった。これを半元服というが、それも妊娠して、岩田帯をする御着帯までで、その後は髪を片外しにし、留袖で歯も染める。帯だけはその時の状況で前でも後ろでもよかった。

御台所《みだいどころ》もこの方式が基本だが、髪だけが結婚でおまた返しになる。おまた返しは公卿や上級武士の髪型で、御台所は結婚、妊娠して着帯まで（半元服）この髪型である。着帯後は片外しに結う。またおすべらかしは御台所が、式日に結う髪型で、結い上げるのに三時間ほどを要したという。

四季や儀式により服制が定まっている着物は基本的にその生地の質や加工法によって格式が異なる。最上級が織で、次が縫、次が染である。だから御台所の着る最高級品といえば、厚い絹で地紋や模様を織り出し、その全面に花鳥風月の刺繍を施し、地色や模様を染め出した、いわゆる辻ヶ花のような形式がそれに当たる。以下順次これらの加工程度を下げていくにつれて格式は低くなる。したがって浴衣が最下位となる。

なお、現在の映画やテレビの大奥物では、四季を通じて白足袋を履いているが、江戸城での足袋の使用は九月九日から三月末日までであった。

（中西立太）

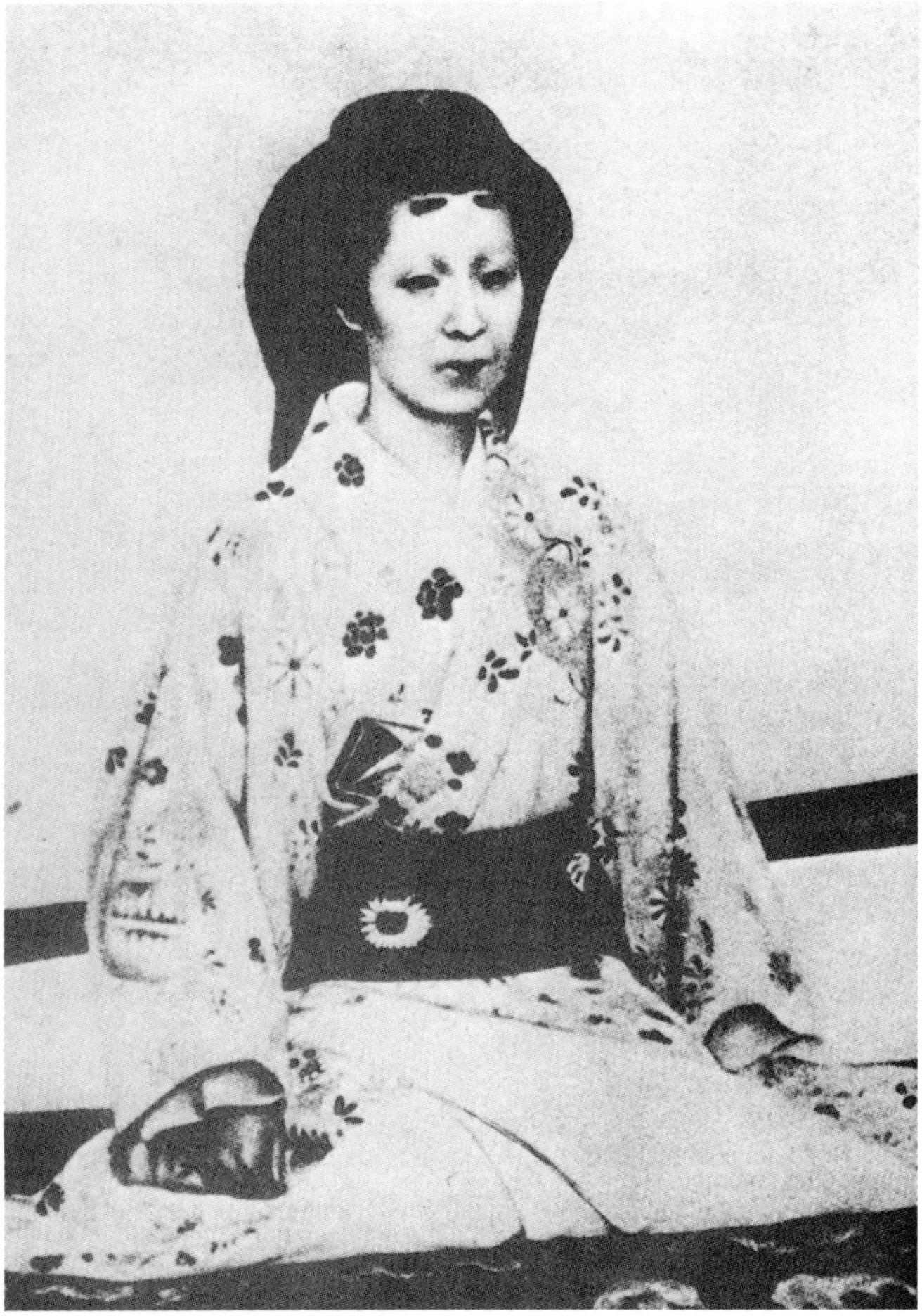

15代将軍慶喜の御台所美賀子
提帯で、髪はおすべらかしとした夏の正装。

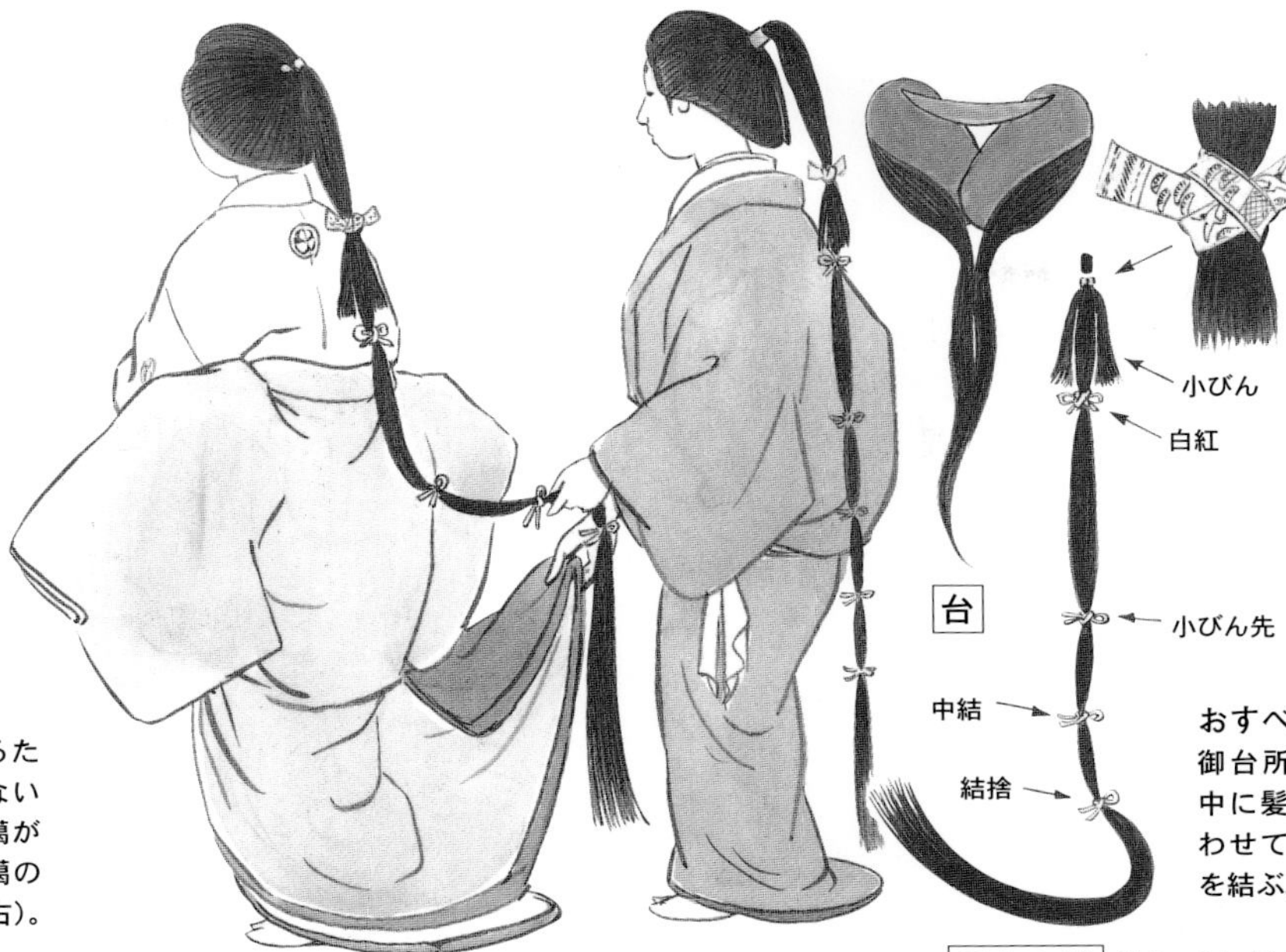

絵元結
金地に松や鶴などめでたい図柄

おすべらかし
御台所が式日に結う髪型。中に髪の台を入れ地毛と合わせて結い、先に長かもじを結ぶ。

長かもじ 略してながという

長かもじ
長さ６～７尺もあるため、床を引きずらないよううしろの御中臈が持っていく。御中臈のかもじは中かもじ(右)。髪型はさげあげ。

(作画＝中西立太)

千姫像（弘経寺蔵）
まだ大奥制度が確立していない江戸初期の姿。身幅が広く、前合せの深い小袖に細帯を低く締めている。髪型のみが元和頃から切下げ髪ではなくなり、高く結い上げるようになるが、これはのちのさまざまな髪型のもとになった。

おまた返し
御台所は結婚し、妊娠、着帯まで、髪型はおまた返しであった。

(作画＝中西立太)

大奥呉服の間

たび重なる奢侈禁止令《しゃしきんしれい》にもかかわらず、幕府三〇〇年を通して大奥の女たちの衣装道楽は華麗を極めた。

そんな女たちの夢を縫い上げる夢工場——それが呉服の間である。

儀式用の十二単《じゅうにひとえ》などの装束は、外部の装束司で仕立てるが、御台所《みだいどころ》や姫君の日常着や「かけ」（打掛《うちかけ》の略）、上臈《じょうろう》や御年寄などの衣装はここで仕立てられた。

ここには、呉服の間頭以下一一人の針子がいるが、各局《つぼね》にもそれぞれ何人かずつの自前の針子がいるから、大奥、西の丸などを合わせると、三〇〜四〇人の針子がいたのではないだろうか。

針を持たせたらおそらく日本一であったろう彼女達が最も気を使ったのは針をなくすことで、針一本失うと御役御免になった。もちろんこれは、御台所や姫君の着物に刺さったりしていたら大変なことになるからで、針をなくすと、庭の白《しら》州《す》までさらって探し、探している間は幾日でも着物を替えさせず、部屋へも帰さない。

こんな厳しい反面、役得もある。端切れや真綿の残りなどを、年に二度お下げといって下げ渡されるので、三年も大奥勤めをすると、嫁入り衣装ができたという。

復元＝中西立太

お嬢様と呼ばれる御中臈《ごちゅうろう》や奥女中の候補者、御犬《おいぬ》子供《こども》と呼ばれる行儀見習の子供たちと、打掛を見立てる局の主人の御年寄、季節の布地をあれこれと探す御中臈など、大奥は出入り商人の稼ぎ場所であった。何人かの出入りの呉服商が、奥女中達の注文をとるために袖の下を使いながら、大量の品物をかつぎ込んだ。

しかし幕府も四代家綱《いえつな》のころになると少々財政が苦しくなり、大奥にも節約令が出た。寛文《かんぶん》三年（一六六三）の令では、「女院・姫君の御服、上品の値は銀五百目を過ぎてはいけない。それより下はその品によるが、価格は銭貨で支払う。御台所の御服は上品で三百目まで」と定められ、その趣旨は江戸の呉服商だけではなく、大奥が大得意先である京都西陣の業者にも通達された。ところが、五代綱《つな》吉《よし》の代になると、京の呉服商出身ともいわれる生母桂昌院《けいしょういん》が、不景気に悩む西陣の織元に稼がせようと山のような注文を連発したので、せっかくの節約令も霧散してしまったという。さらに、彼女は京からの布地や帯を大量に焼き捨てては、次の注文を出していたというから、あきれるほかはない。それ以後幕末まで大奥の歴史は、浪費と節約令のイタチごっこであった。

（中西立太）

大奥の職制

- 将軍 ― 若年寄
  - 寄合医師
    小普請組におり医術の修業をする医師で、成業すると営中に出仕する。
  - 御番医師
    難病の治療にあたるため、隔日交替で宿直をした。
    〔持高勤め、二百俵以下は御番料百俵〕
  - 御台様用人
    御広敷用人ともいう。表使から命じられた奥における諸用をそれぞれの下役に割り当てる。表と奥の間で両者からの諸事を取り扱う。諸家からの用向きに対応する。
    〔五百石高・御役料三百俵・三名〕
    - 両番格御庭番〔二百俵高・六名〕
    - 御台様用達〔二百石高・四名〕
    - 小十人格御庭番〔百俵高十人扶持〕
    - 広敷添番並びに御庭番〔五十俵高・部屋住の場合十人扶持〕
    - 御台様侍〔七十俵高〕
    - 広敷御用部屋書役〔三十俵二人扶持・八名〕
    - 広敷御用部屋伊賀吟味役〔二十俵三人扶持〕
    - 広敷御用部屋六尺（陸尺）〔十五俵一人半扶持〕
    - 仕丁〔十五俵二人扶持〕
  - 御台様御膳所組頭〔二十俵高・御役金三両〕 ― 御台様御膳所六尺〔十五俵持扶持〕
    - 御台様御膳所小間遣頭〔三十俵二人扶持・御役扶持三人〕 ― 同小間遣〔十五俵・御役金三両〕
  - 御簾中様用人
    御台様用人と同様に、表と奥の間における諸用を下役に割り当てる。御簾中様は将軍の子供の妻をいう。
    〔五百石高・御役料三百俵・三名〕
    - 御簾中様用達〔二百俵高・一名〕
    - 御簾中様侍〔七十俵高〕
    - 西之丸広敷御用部屋書役〔二百俵高・一名〕
    - 仕丁〔十五俵二人扶持〕
  - 御簾中様御膳所組頭〔二十俵高・御役金三両〕 ― 御簾中様御膳所六尺〔十五俵高〕
    - 御簾中様御膳所小間遣頭〔三十俵二人扶持・御役扶持三人扶持〕 ― 同小間遣〔十五俵・御役金三両〕
  - 姫君様用人（御用人・同並）
    姫君の周囲の諸事を取り扱う。
    〔御用人　三百石高・御役料三百俵
    同並　三百俵高・御役料百俵〕
    - 姫君様御侍〔七十俵高〕
  - 奥御膳所台所頭
    大奥の食膳の調理を取り扱う。
    〔二百俵高・御役料百俵〕
    - 奥御膳所台所組頭〔百俵高四人扶持・御役金二十両・三名〕 ― 同台所人〔五十俵高持扶持・御役金十両〕
    - 奥御膳所台所小間遣頭〔二十俵持扶持・御役扶持三人扶持〕 ― 同小間遣〔十五俵一人半扶持・御役金三両〕
    - 奥御膳所台所六尺〔十五俵持扶持〕

大奥は御台所や奥女中たちが住む御殿・長局《ながつぼね》と、奥勤めの男の役人たちが詰める御広敷《おひろしき》の二つに分けられている。御殿・長局は職制上奥が管理し、御広敷は表が管理する。御殿・長局と御広敷の連絡は御年寄、御広敷向の御客会釈《おきゃくあしらい》、御坊主、表使、御切手《おきって》などが担当する。

奥女中は家から通うのではなく、住み込みで勤務する。

同じ住み込みでも二種類あり、上臈、御年寄、御客会釈、中年寄、御中臈、御《お》小姓《こしょう》、御錠口詰《おじょうぐちづめ》、御錠口助、御錠口衆、御右筆頭《ごゆうひつがしら》、御右筆、表使、呉服の間頭、御次頭《おつぎがしら》、御坊主までが、直接将軍や御台所に御目通りできる御目見《おめみえ》得以上という階級で、自分の病気と親の死に目以外には生涯城の外へ出ない一生奉公である。

彼女たちは、将軍や御台所に揃ってあいさつする際、同じ室内か敷居のすぐ外で拝礼する。

その下の御次、御三の間頭、御広敷御切手は御目見得以下であるが、次の二の間に拝礼する席がある。これを席以上というが、それ以下の御三の間、御末頭《おすえがしら》、御使番、御火の番、御仲居、御末、御犬子供などは同じ御目見得以下でも拝礼の席はない。これを席以下という。御目見得以下には年季によって六日から一六日の宿下りがあり、結婚もできた。

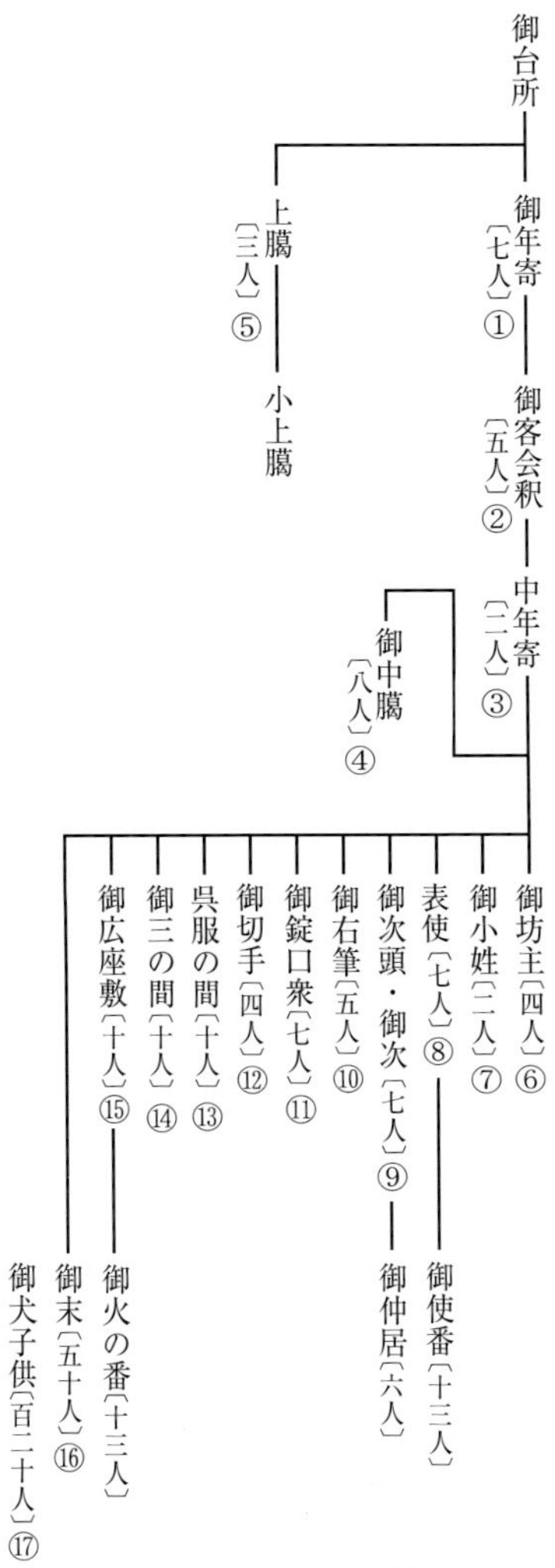

① 老女または局ともいわれる。普段は詰所の千鳥の間に控えて諸事を採決、指図する。また、御台所に代わって芝増上寺・上野寛永寺に代参する。表の老中に匹敵する。

② 将軍が大奥に御成のときの一切の接待をするほか、御三家、御三卿の登城の際の接待。この職は御年寄を退いた者がなることが多く、いわば隠居職にあたる。

③ 御台所、御簾中（将軍の子供の妻）および姫君に限ってつく役で将軍や世子にはつかない。御年寄の指図に従い、御年寄が引きこもる場合は代理を勤める。そのほか献立の指揮や代参など。

④ 将軍、御台所の身辺の世話をする。中臈頭二人は中年寄の補佐となり、別に七〜八人が将軍付となる。御台所に仕える者の中でこの役に限り将軍の側室となることが可能であった。

⑤ 正式には上臈御年寄という。御台所、御簾中の里方からついてきた女中で公卿の娘に限られていた。常に御台所の側に仕え、終身奉公で、御台所や御簾中に何事かあったときは身代わりに立つ重任であった。

⑥ 仏間を管理する。女性だが頭を丸めており、男物の着物を着ていた。将軍に従い、緊急の際には将軍の表御座の間までも直の目通りが許されていた。

⑦ 御台所・御簾中および姫君の側に仕え、煙草や・お手水の用などをした。高禄の旗本の子女がなり、七歳ぐらいから勤め十三歳になると元服し「元服小姓」という。一六〜一七歳になると御中臈になった。

⑧ 御年寄の指図を受け諸買い物を司る。また、代参の随行、表の御用人への応対など。

⑨ 台所、膳部、道具などを司る。また、式日や臨時の催し物などがあるときにはお次から多く選ばれた。

⑩ 御台所・御簾中からの諸方面への達書や諸家への御文などを司る。

⑪ 表御殿と大奥の境の詰所に二人ずつ勤番しており、御錠口の番をする。

⑫ 七つ口（長局と外部との出入り口）を出入りする者を吟味する。面会者があると、切手を渡して本人の部屋へ通した。また御用達の商人を監視した。

⑬ 将軍、御台所の服装や裁縫を司る。

⑭ 御三の間より奥の居間までの掃除、湯水の運搬、火鉢や煙草盆の管理など。

⑮ 大奥の御年寄などが表の役人と接する御広座敷に詰め、接客などの用にあたる。

⑯ 風呂、御膳所用の水汲みなど。御三家、御三卿の御簾中登城に際しては、御広敷から御三の間まで、乗り物を担ぎ入れる役も勤めた。

⑰ 御錠口詰以下御三の間までの雑用に従事した。各部屋に五〜六人ずつ詰めている。一五歳から二三歳ぐらいのものがほとんどであった。

〔参考文献〕
三田村鳶魚『御殿女中』
笹間良彦『江戸幕府役職集成』
稲垣史生『時代考証事典』

この職制は、奥で将軍に仕える奥女中や、若君、姫君、母君などに仕える他の女中たちも同じであった。

これら将軍家直雇いの役職付の女中のほかにも、長局に住む一生奉公の女中たちが個人的に雇うタモン（多聞）とかお端下《はした》と呼ばれる女中たちがいた。

多聞とは直でない又の雇われ者、又者《またもの》という意味が転化した名らしいが、前記の直奉公の女中たちが旗本などの武家から出るのと異なり、一般の町家から出る娘たちである。

彼女たちは部屋方とよばれ、宿下りの規定など同じだが、身を引くのは、直奉公よりゆるやかであった。

部屋方には部屋方の階級があり、部屋の主人で旦那とよばれる御年寄や御中臈の下に、部屋全体を取り締まるお局がおり、以下、旦那の身の回りを世話する相の間、給仕や使いをする小僧、炊事や洗濯などをする多聞となっている。

このほかに部屋子と呼ばれる将来の御年寄や御中臈候補の娘が同居しており、お嬢様とよばれた。

（中西立太）

大奥長局

こたつや火鉢は局の一階に置かれたが、二階には防火を考慮して置かれなかった。

大奥の風呂は普通の釜たきのものである。２人で入る相風呂は禁止されていた。

大奥女中の日常の住まいである長《なが》局《つぼね》についての資料は非常に少ないが、三田村鳶魚《みたむらえんぎょ》の『御殿女中』の長局の平面図をもとに、他の平面図などを参考として長局を復元してみたものが上図である。完全な想像図ではあるが、幕末の長局のおおよその様子は分かると思われる。

一の側に設けられた、全部で七〇畳ほどの御年寄クラスの局であるが、二の側、三の側になると広さはこの半分くらいになる。この中に局一人、相の間（局の世話をする女中）二～三人、小僧（使いや下働き）二～三人、タモン（炊事、洗濯係）四～七人が住んでいた。御中臈《ごちゅうろう》や部屋子などで相部屋の者は二階に住み、下の一階には多聞《たもん》（女中たちの住む棟）で働く女中が暮らしていた。

図中央の入側《いりかわ》の所で天井から乗り物を吊るしてあり、その上は物干しとなっている。局が外出する時には、御末たち八人が御広敷《おひろしき》まで駕《か》籠《ご》をかつぎ出し、局はそこから駕籠に乗った。いくら幅の広い出仕廊下を通るとはいえ、一丈六尺六寸（約五メートル）もの棒のついた重い駕籠をかつぎ出すのは並たいていではなかったろう。

図左に見える廊下が出仕廊下で、各局ごとに杉戸の開き戸で区切られている。夜は閉められたものと思われる。局が奥勤めに出る時は廊下草履《ぞうり》を履いて出仕廊下を通り、畳敷きになる奥の廊下で上草履に履き替える。相の間が草履を持って局を送り迎え

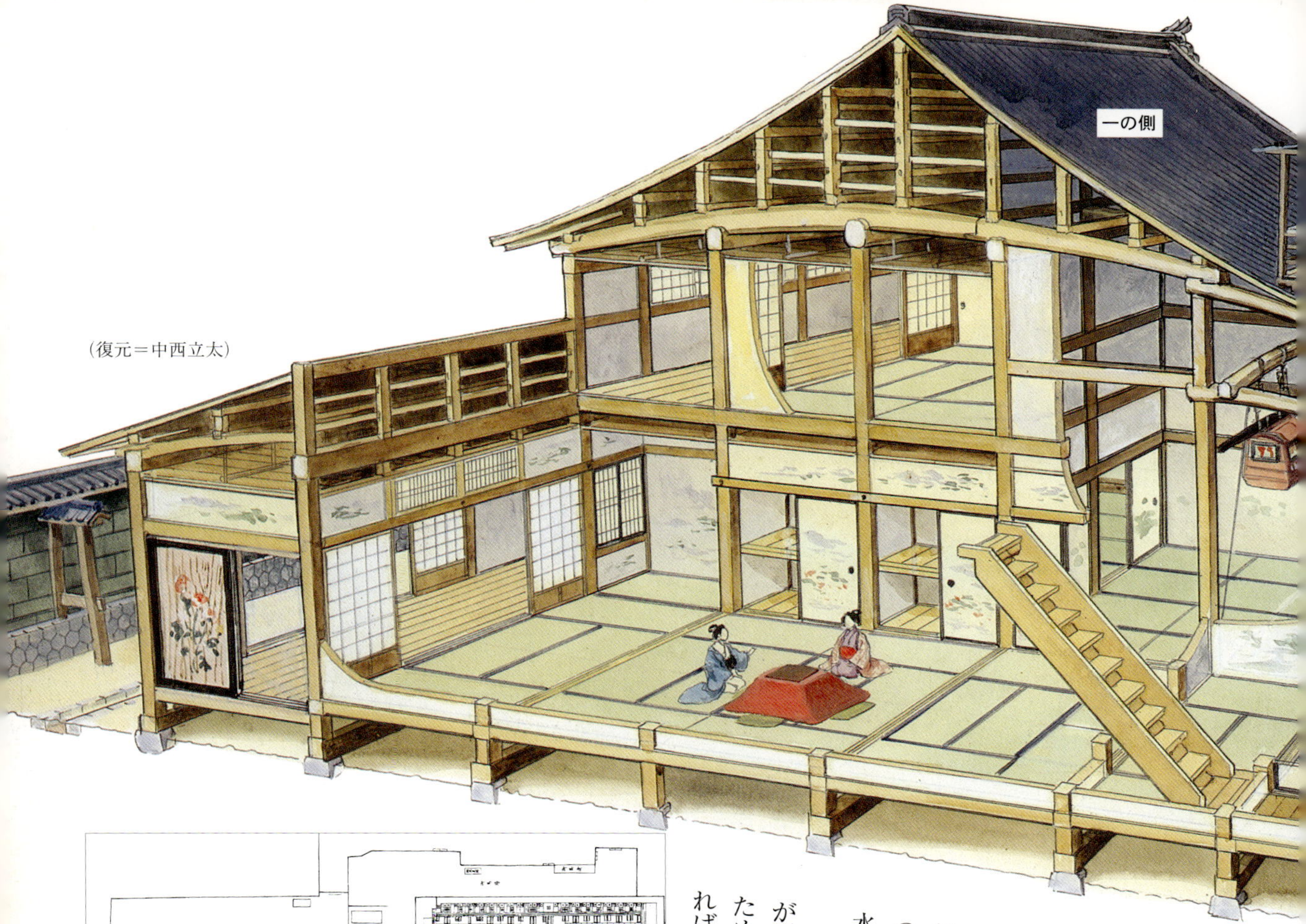

（復元＝中西立太）

することになる。

図右の廊下は部屋方の使う廊下で、局は普段はこちらは使わないが、便所が廊下越しにある場合はこの廊下を通る（普通は便所は局の部屋近くに設けられる）。この廊下の床板は簀子《すのこ》状で間が一・五センチメートルくらい開いており、下は大下水になっている。これは長局の奥にある井戸部屋から台所まで、タモンが二人がかりで水桶をかついで来るためで、一〇～一五日ごとの掃除の時は水をかけ洗った。

なお、一の側、二の側など各側の軒から軒へは金網が張り渡されていた。これは外部からの侵入者を防ぐためのものであろうが、中にいる奥女中たちにしてみればまさに籠の鳥の心境であったろう。

（中西立太）

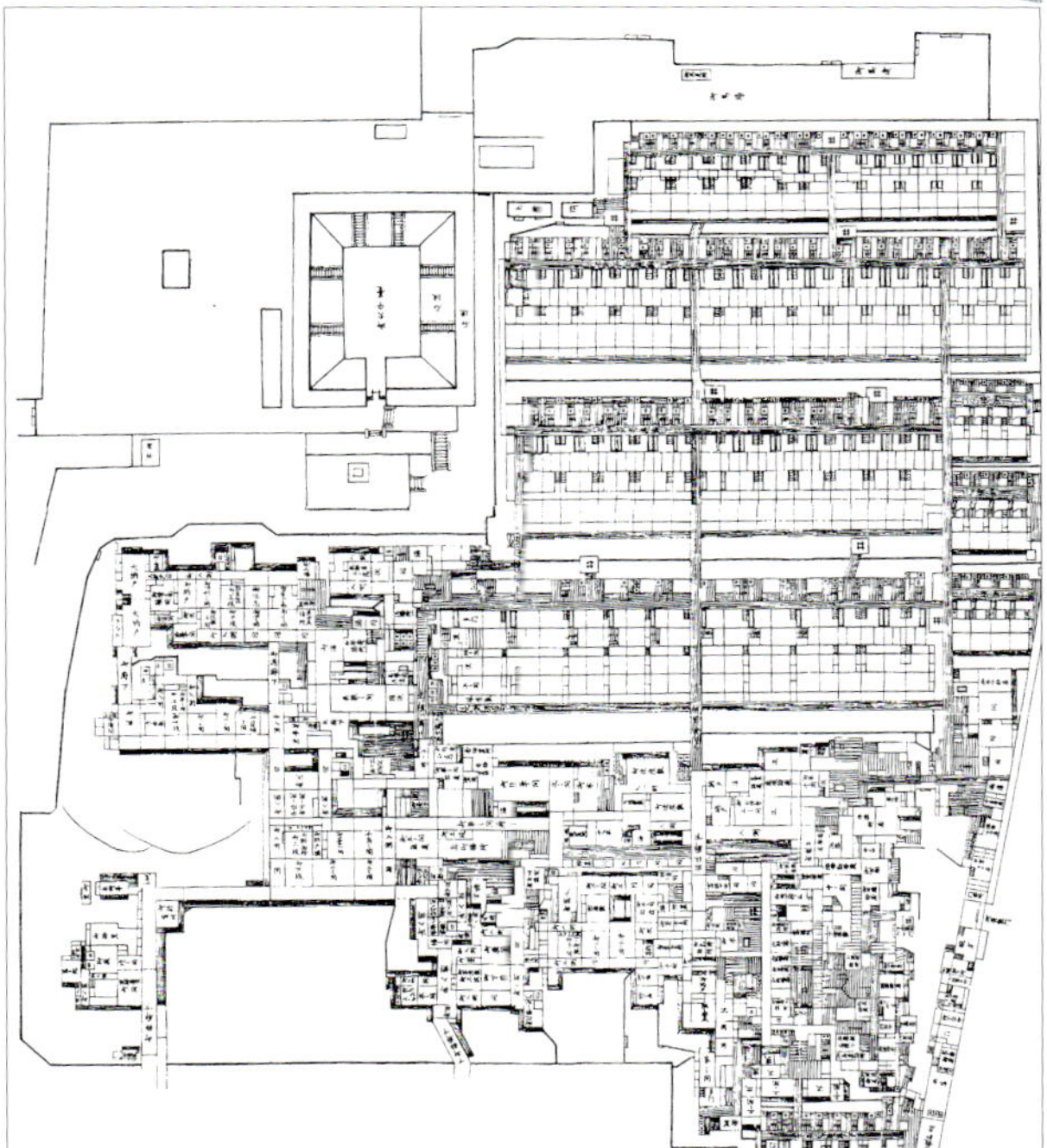

「御本丸大奥絵図」（『徳川礼典録附図』所収）
天守台の右側に四列連なる部分が長局。南から一の側、二の側、三の側、四の側である。

長局の構造

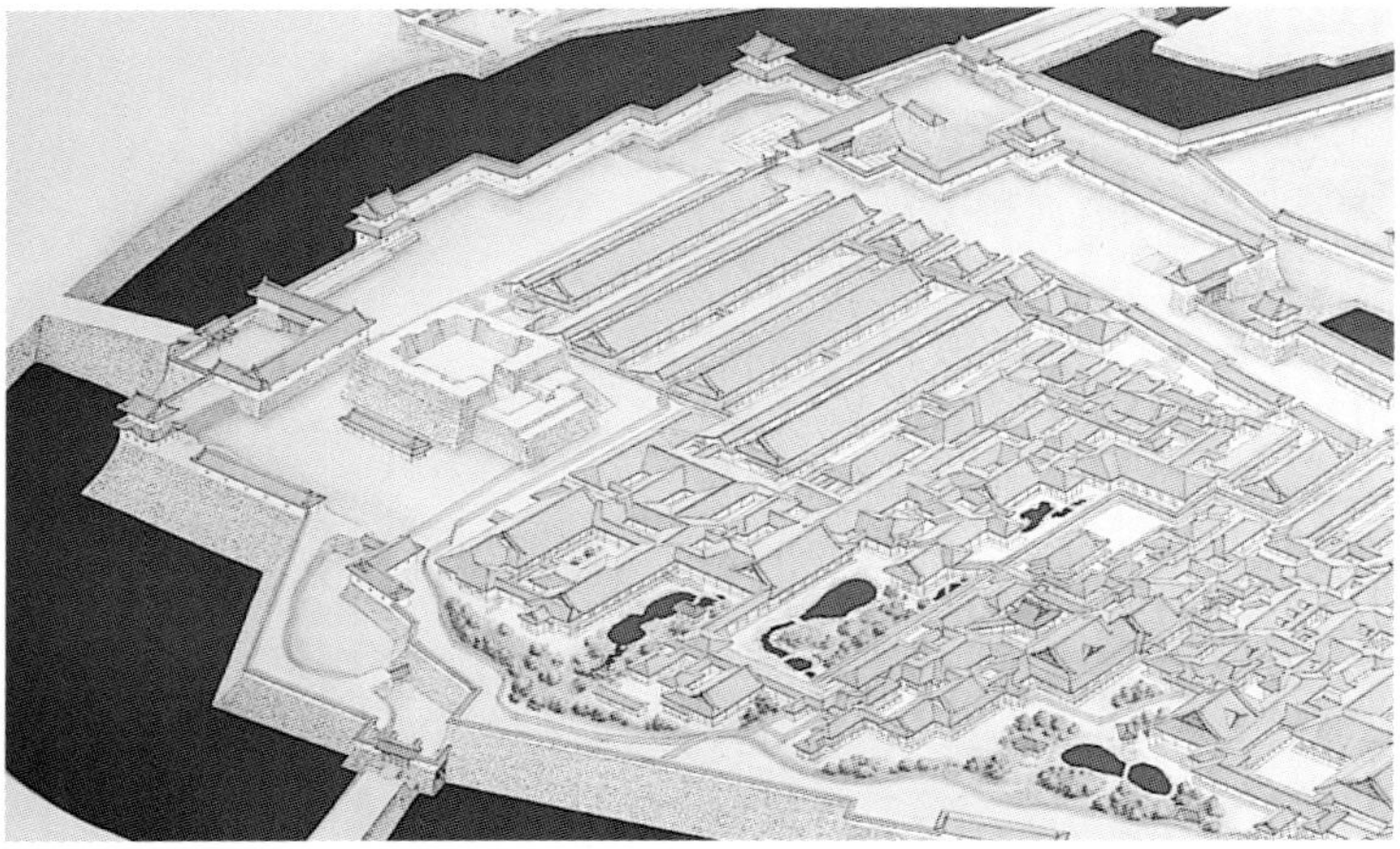
江戸城弘化度本丸・二の丸復元図　（考証＝平井 聖・作画＝藤田正純）
天守台の向こうに細長く４列見えるのが長局である。

●奥女中の住居・長局

上は上臈《じょうろう》御年寄や御年寄、御中臈から下は御三の間や御末《おすえ》まで、大奥に住み込みで勤める奥女中たちの住居となったのが長局である。二階建ての建物で、小部屋が東西に一列に長く連なっていた。弘化度御殿では四列あって、南から一の側、二の側、三の側、四の側と呼んだ。

上臈御年寄、御年寄、御客会釈、御中臈たち上位を占める奥女中は一の側に住み、二の側・三の側はそれ以下で御目見得以上（将軍や御台所に直接目通りできる）の奥女中、四の側は御目見得以下の奥女中の居住区域であった。なお、最も身分的には低い御末（御半下）が住む御半下部屋も設けられていた。

●寛永の長局

現在、川越市の喜《き》多《た》院《いん》（通称川越大師）には、寛《かん》永《えい》十五年（一六三八）に江戸城から移築された客殿と書院が残っている。移築の際に改装されているが、家《いえ》光《みつ》誕生の間といわれる客殿は、本丸御殿にあった春日《かすがの》局《つぼね》の部屋と考えられている。一方、春日局の部屋とされる書院は、同じ本丸御殿の長局を移築したものと考えられている。長局の、しかも初期の建築物遺構としてはおそらく唯一のものである。

一間ごとに柱の立っている古風な造り、西側だけにある低い中二階など質素な初期の御殿建築の姿を見せてくれる。現在はここから客殿への廊下になっているが、本来の建物はもっと長く続いていたものと考えられる（左ページ）。

●初期の御殿女中

現在の我々が大奥ということばですぐにイメージするものは、おもに幕末

初期の奥女中風俗（作画＝中西立太）

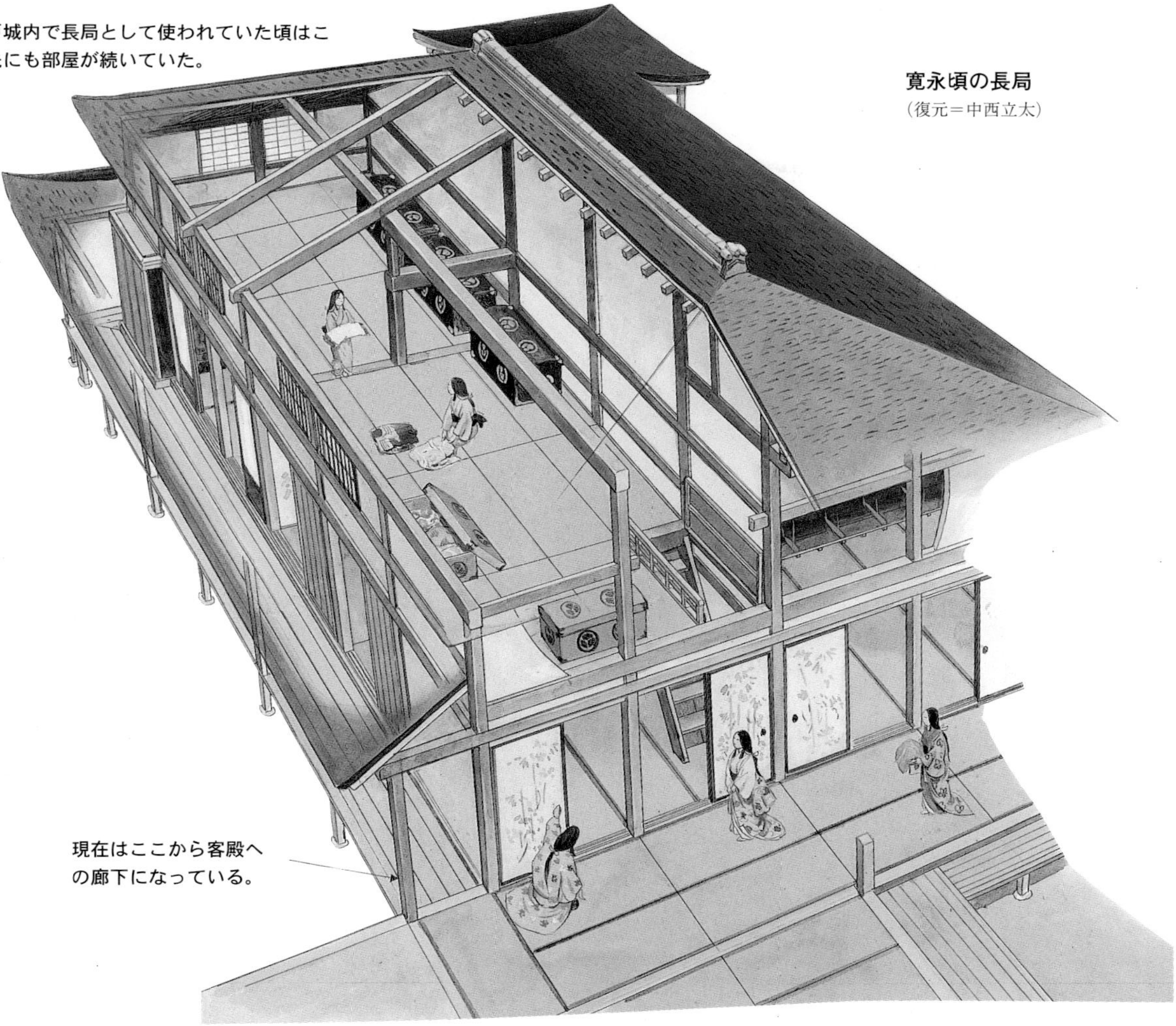
江戸城内で長局として使われていた頃はこの先にも部屋が続いていた。
現在はここから客殿への廊下になっている。

寛永頃の長局
（復元＝中西立太）

期の大奥風俗であろう。しかし、大奥制度の確立される以前の初期の大奥風俗となると不明な部分が多い。

徳川家康が慶長《けいちょう》十二〜十三年（一六〇七〜〇八）頃に忍《おし》（埼玉県行田市）付近に鷹狩に行った時の記録に女中風俗にふれた部分がある。

家康は浅葱《あさぎ》色（淡い青色）の小袖に小倉織のお拾い羽織、腰には燻革《いぶしがわ》の巾着《きんちゃく》と、黒い長門《ながと》印籠《いんろう》に瓢箪《ひょうたん》を付けたものを下げていた。供の女中たちは花色（淡い藍《あい》色）染の立波《たつなみ》に汐汲桶《しおくみおけ》などを裾から腰に白く染め出し、茜《あかね》染《ぞめ》の木綿《もめん》の裏を付けた打掛を着ており、浅葱色の三尺手拭いを頭の上からあごにかけて巻き、手拭いの余りを再び頭上にからげた馬上姿であったという（右ページ下図）。

また別の見聞には、市女笠の下に覆面をし、打掛を着て、茜染の布団を鞍にかけて馬に乗っていたという。

のちの御殿女中のような華美な装いではない質素な姿や、後年では考えられない馬上姿など、いかにも戦国の名残をとどめている初期の御殿女中たちの風俗である。（中西立太）

御殿女中の給与

御年寄の給与

奥女中の給与は男のように代々家につく家禄ではなく、役職につく役高である。本給である御切米《おきりまい》（蔵米《くらまい》）はその時の米価に換算して支払われる。これが彼女たちの生活費や衣装代になる。毎日食べる米は別に扶持米《ふちまい》として支給され、五菜《ごさい》銀《ぎん》（おかず代）も与えられる。その他に各大名からの強制的な献金である御合力《おごうりき》金《きん》が役高に応じて支給される。五菜銀と御合力金は御広敷《おひろしき》役人から給付されたので、大奥は形は老中支配であったが、実質は若年寄が押さえていたことになる。

上図は御年寄の給与を分かりやすく図にしたものであるが、最高位の上臈《じょうろう》御年寄と最下位の御末《おすえ》では天地ほどの差があった。

上臈御年寄
・御切米　百石〔約八五〇万円〕
・御合力金　百両〔約一〇〇〇万円〕
・十五人扶持
上々白米男扶持一人分（本人用）
中白米男扶持六人分（使用人用）
中白米女扶持八人分（使用人用）
・炭二十俵、薪《まき》三十束
・湯之木三十五束
・油五か所分　七升二合
・五菜銀　三百匁

御末
・御切米　四石〔約三四万円〕

(作画＝中西立太)

・御合力金　二両〔約二〇万円〕
・一人扶持　中白米女扶持
・薪三束・湯之木二束
・油一か所分　六合（二人分）
・五菜銀　十二匁
（詳細は八三ページ参照。〔　〕内は江戸初期の米価を基準に現在の貨幣価値に換算したもの）

（中西立太）

大奥の嘉定（嘉祥）祝い（『風俗画報』）
将軍と御台所より菓子をふるまわれる御目見得以上の奥女中たち。

大奥の給与と法度

●さまざまな給与があった奥女中

奥女中の給与はすべて役高であったが、御台所《みだいどころ》付、姫君付、御部屋様付の御年寄から御末まで、それぞれに異なる給与体系が設けられていた。概して御台所付の給与が最も高く、姫君付、御部屋様付の順に安くなっていた。

以下に奥女中の各給与について簡単に説明してみよう。

御切米

幕府の御蔵米から受け取るもので、知《ち》行《ぎょう》（俸禄《ほうろく》として与えられた土地）のない武士が春・夏・冬に「三季御切米」として支給されていたのに対して、奥女中は五月と十月の二度であった。御切米は蔵前の米問屋にて金に換えられた。

御合力金

衣装料としての特別給与で、諸大名から献上させた。江戸初期には毎年、額がうなぎ登りに増え、諸大名は出費に苦しんだ。そのためのちには献上物の額を定めて幕府がこれを一括、各階級の奥女中たちに分配する制度に改めた。左ページ表の金額は年間のもので、これを十二等分して月々与えられた。

御扶持

男扶持は一日五合、女扶持は一日三合であった。表中で「内一人上々白」「上白」とあるのは本人の食用米、下何人とあるのは部屋方（使用人）の食用米である。すなわち扶持の高で使用できる部屋方の数が決まることになる。ただし、扶持はあくまで地位に対して与えられたもので、その扶持分だけ使用人を置くには及ばなかった。

湯之木

風呂の燃料用の薪。階級により上風呂と下風呂、また一日に一度か二度、あるいは隔日入浴など細かな差があり、薪の束数も異なっていた。

油

有明灯《ありあけとう》用（終夜灯）と半夜灯用があり、また階級により部屋の広さが違うため、五灯（五か所）から一灯までの差があった。油の量は有明灯一つ、半夜灯一つで一か月に一合五勺（約二七〇ミリリットル）とされた。

五菜銀

味噌と塩の料で、銀で与えられていた。なお、この五菜銀の支給は上臈御年寄から小上臈までは貨幣価値による銀貨で、御客会釈以下は匁表記の銀貨であった。

茶の湯を習う奥女中（『千代田之大奥』）　**大奥に仕える奥女中のたしなみの一つであった。**

つまり上臈までは御家人扱いであったことが分かる。三〇日ごとに名札を付けた三方（供物などを載せる台）を持って広座敷へ受け取りに行ったという。

この他に御年寄と表使に与えられた特別な給与として「町屋敷地代」がある。江戸の町に町屋敷を与えられ、そこから上がる地代を収入としたものである。御年寄は在勤中に町屋敷を与えられた。とはいっても御年寄も表使も基本的には生涯、大奥住まいであるから、町屋敷はあくまで地代を得るためだけのものであった。

大奥女中分限

	御切米	御合力金	御扶持	炭	薪	湯之木	油	五菜銀
上臈御年寄	百石	百両	十五人扶持（内一人上々白男扶持・下六人中白男扶持・下八人中白女扶持）	二十俵	五十束	五〜八月—三十束 九〜四月—二十束	五ケ所七升二合	三百匁
御年寄	五十石	六十両	十人扶持（内一人上々白男扶持・下四人中白男扶持・下五人中白女扶持）	十五俵	二十束	五〜八月—二十束 九〜四月—十五束	三ケ所四升二合	二百匁一分
小上臈	四十石	四十両	五人扶持（内上々白男扶持 下四人中白女扶持）	十俵	十五束	五〜八月—十七束 九〜四月—十五束	二ケ所三升	二百匁
御客会釈	二十五石	四十両	五人扶持（内上々白男扶持 下四人中白女扶持）	六俵	十束	五〜八月—十束 九〜四月—九束	二ケ所三升	百二十四匁二分
御中臈	十二石	四十両	四人扶持（内一人上白男扶持 下三人中白女扶持）	六俵	十束	五〜八月—十束 九〜四月—九束	二ケ所三升	百二十四匁二分
御錠口	二十石	三十両	五人扶持（内一人上白男扶持 下四人中白女扶持）	六俵	十束	五〜八月—十束 九〜四月—九束	二ケ所三升	百二十四匁二分
表使	十二石	三十両	三人扶持（内一人上白男扶持 下二人中白女扶持）	六俵	十束	六束	二ケ所三升	百二十四匁二分
御右筆	八石	二十五両	三人扶持（内一人上白男扶持 下二人中白女扶持）	五俵	八束	六束	一ケ所一升八合	百二十一匁二分
御切手	八石	二十両	二人扶持（内一人上白男扶持 下一人中白女扶持）	三俵	八束	六束	一ケ所一升八合	百匁
呉服の間	八石	二十両	三人扶持（内一人上白男扶持 下二人中白女扶持）	三俵	八束	五束	一ケ所一升八合	百匁
御広座敷	五石	十五両	二人扶持（内一人上白男扶持 下一人中白女扶持）	三俵	七束	五束	一ケ所一升八合	七十匁
御三の間	五石	十五両	二人扶持（内一人上白男扶持 下一人中白女扶持）	三俵	七束	五束	一ケ所一升八合	七十匁
御仲居	五石	七両	二人扶持（内一人上白男扶持 下一人中白女扶持）	二俵	六束	五束	一ケ所一升二合	五十匁
火の番	御仲居に同じ							
御使番	四石	五両	一人扶持（中白女扶持）		三束	二束	二人一ケ所六合	十五匁
御末	四石	二両	一人扶持（中白女扶持）		三束	二束	二人一ケ所六合	十二匁

（寛政年間〔1789〜1801〕の史料による）

● 一生奉公だった奥女中

奥向で奉公する多くの奥女中たちには、表向で奉公する役人たちと同様に、行動や風紀を取り締まる規定（法度《はっと》）がいくつかあった。奥女中に対する規定では、手紙を出すことのできる範囲は親族に限られる、宿下がりは年寄衆の吟味ののち許可されるなど、文通や宿下がりなど外部との接触に関するものが主体であった。

原則として大奥での奉公は年季奉公などではなく、一生涯のものであったが、実際には上臈御年寄、御年寄、中年寄、御客会釈《おきゃくあしらい》、御中臈《ごちゅうろう》以外は、中途で暇を申し受けることも可能であった。しかし、上級の女中たちは、たとえ病気になっても容易には暇はもらえず、ほとんどが長局内で養生したのである。

また、奥女中を新たに召し抱える場合には、彼女たちに忠誠と品行方正を誓わせ、さらに誓詞血判までさせ、大奥の品位を保つようにしたのである。

（中西立太）

大奥の衣装と髪型

大奥の服制は複雑だが、季節を横軸に階級を縦軸にとって並べるとよく理解できる。衣装と髪型の相関性が強いのが大奥の服制の特色である。

衣類は絹地の綸子（りんず）や縮緬、白羽二重がほとんどで、夏は麻があるが、木綿物は部屋方で着るぐらいであった。打掛を着るのは９月９日から３月末までである。４月からは式日に提帯（つけおび）を締めて腰巻として着る。だから四月から八月までは袷（あわせ）か単衣で、年配者は掛帯を締め、若い女中は帯付姿（たてやの字）で、長局を出る時は打掛を着る。映画で年中打掛を着て足袋をはいているのは誤りである。

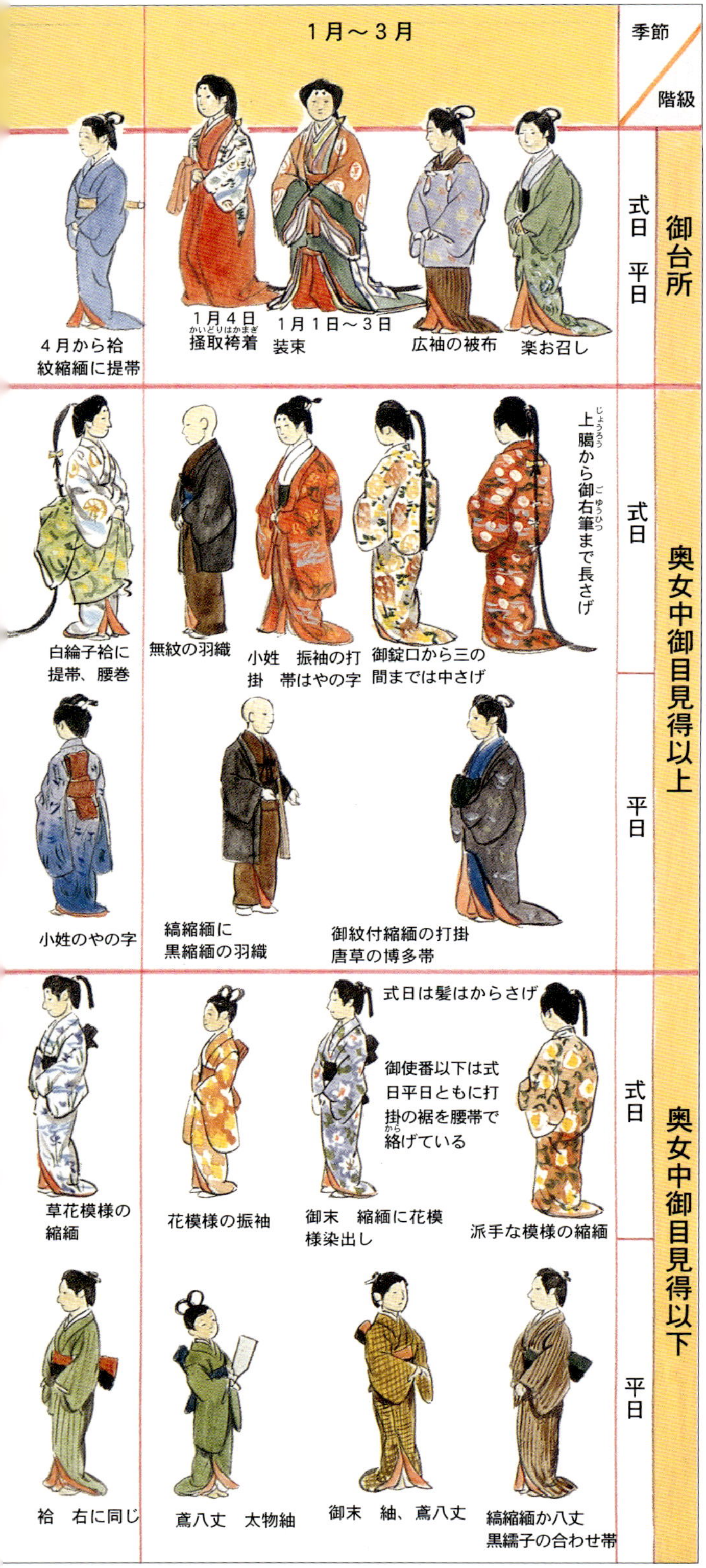

9月9日～12月
9月1日～8日
6月～8月
4月～5月
9日から綿入れ
盛夏は帷子《かたびら》
5月から単衣
綸子総縫入の打掛
縮緬縫入
白総縫の綸子
1日～8日は袷
7月7日
白帷子に提帯、腰巻
式日には
眉を描く
スズシの単衣
5月5日総模様の袷
腰巻、袴着
帯の形式
掛帯（間帯）
年配者
やの字（帯付）
若年者
玄猪《げんちょ》　間着は
この日から赤
縫入の白綸子
白晒　飛白《かすり》
染帷子の羽織
小姓　白晒《さらし》に
七草の花模様
越後縮緬
総縫の帷子
縮緬振袖に
繻子《しゅす》の帯
黒綸子の羽織
小姓　縮緬に
縫の振袖
日本髪の名称
髷《まげ》
根元結
前髪
鬢《びん》
髱《たぼ》
袷、綿入、打掛
は春と同じ
黒紗《しゃ》の羽織
御紋付白晒
単衣　縞縮緬
単衣　絹縮《きぬちぢみ》に
絽《ろ》の羽織
袷　黒か浅葱
の紋付縮緬
袷、綿入、打掛
は春と同じ
白麻矢飛白
色繻子《しゅす》の帯
御末　帷子
染出し秋草
白晒
秋草の裾模様
草花模様の
縮緬
御末
単衣矢飛白
袷、綿入、打掛
は春と同じ
帷子
染麻矢飛白
御末
染麻紋付の帷子
御末　単衣は木綿縞
木綿縞物
帷子は白晒飛白
単衣　染出し縮緬
袷は絹中太鼓

作画＝中西立太

大奥の年中行事

大奥では一年を通じて様々な行事がある。

比較的儀式ばった行事の多い正月と比べて、他の月にはいろいろと楽しい行事があった。

大きな雛を御座《ござ》の間《ま》と御休息の間一杯に飾り立て、日ごとに供物を変え、御目《おめ》見得《みえ》（将軍に直接目通りを許された身分）以上に白酒を下さる三月の雛祭。御三家、御三卿《ごさんきょう》より、さざえ、はまぐり、菱餅、菓子などの献上物があり、夜は御次たちの鳴物で楽しむ。

加賀前田家が夏の恒例として献上する雪塊を味わう六月。

白木の台に団子、枝豆、栗、柿、芋や、また御台所《みだいどころ》が御納戸《おなんど》の庭から引き抜いた蓮根《れんこん》や里芋（この行事を御根引という）などを飾って、月を待ち、歌合を楽しむ八月の月見。古来から片月見を忌む風習があり、九月の十三日の夜にも月見をする。

九月には観菊もある。

十月以降は行事も少なく、十二月初旬の煤納《ちりおさめ》と二十五日の観能ぐらいである。二十八日には奥女中たちが楽しみにしていた御納戸払いがあり、女中全員に御召物か飾り物のお下げ渡しがある。

除夜は女中たちが御台所に御祝儀を申し上げるだけで、ことさらな行事はない。

このようにいろいろな行事の中で、特に現在でも一般に行われている三月の花見と七月七日の七夕について見てみよう。

三月、吹上《ふきあげ》の庭で催される花見では、庭に緞子《どんす》の幔幕《まんまく》を張り、新調の衣装に綺《き》羅《ら》を尽くした奥女中たちが御台所とともに宴にくり出し、花を愛で、田楽を焼いて皆で遊びに興じたという。

天平勝宝《てんぴょうしょうほう》七年（七五五）から始まった七夕祭は乞巧奠《きこうでん》ともいい、牽牛《けんぎゅう》、織《しょく》女《じょ》の二星を祀る。七夕祭の間は庭を酒で清めて、机を置き、花、神酒、菓子などを供え、棹の端に五色の糸をかけて願い事を祈ると三年のうちに必ずかなうという故事がある。

本来は庭に灯火などを立てた古式の祭り方をしたが、後には部屋の中か縁側に飾りつけをするようになった。ただし祭具などは故事のままであった。

七夕の朝は御目見得以上の女中は、星にちなんだ歌を短冊にしたためて、御台所の前に捧げるしきたりがあるので、六

山里の花見（『風俗画報』）

吹上で催される花見は、将軍と御台所も宴に加わり、酒、料理が御膳所から運ばれ、そばの者には御台所手ずから酒を賜るなど皆で大いに楽しんだ。

七夕（『風俗画報』）

大奥の七夕は、御座の間の縁先に葉竹４本を立てて注連縄を張る。葉竹には奥女中たちの星にちなんだ歌が書かれた短冊が結びつけてある（左図）。この七夕の風習は一般の武士の家でも同様であった。なお、右図は７月14日、御目見得以上の奥女中たちが、御台所が寝所で使う薬袋を縫っているところ。

日の夕ごろから長局《ながつぼね》の各部屋では、歌作りに苦心する女たちが多かった。七夕は朝の総触れの声とともに御台所の前へ進み七夕の御礼を申し上げ、御年寄に短冊を渡して御前に披露した後、庭の葉竹に結ぶ。御座《ござ》の間《ま》の縁先に葉竹四本で囲った中に、七尺（約二メートル一二センチ）四方の白木造りの台を据え、菓子や瓜、桃を山のように盛り上げた。

これらの供え物は、八日の朝添番の手で引き上げられ、葉竹と注連縄《しめなわ》は莫蓙《ござ》に包まれ龍の口《たつのくち》より小舟で品川の台場へ運ばれ、海に投じられる。供え物は添番の懐に入る。

（中西立太）

月見（『風俗画報』）

例年八月十五夜と九月十三夜には、申の刻（午後四時）を期して御座の間に白木の三方を据え、神酒、オイシイシ（団子を女房詞でこう呼んだ）などを供え、観月の宴が催された。左は御台所が事前に植えておいた蓮根や里芋を抜く「御根引」。

大奥の年中行事

正月元日
年始之御祝儀　大奥では、表の行事終了後将軍がまず御台所と対顔し、その後、上臈、年寄、老女ら御目見得以上の役のものが祝儀を礼する。これを一統御礼と称する。またこの日御三卿、御三家、加賀前田家など将軍家と縁の深い家の女使が進物目録を献じ、それぞれ贈答が行われる。

正月七日
若菜之御祝儀　将軍、御台所が対面所で祝の熨斗目を上臈、年寄から受け取る。後元日同様縁故の家の女使が差上物（献上物）を将軍、御台所に進呈する。

三月三日
上巳《じょうし》　三月三日の節句。表の礼終了後、対面所で将軍、御台所に老女以下諸役、姫君方などが祝儀を述べ、贈答がさまざま行われる。将軍から御台所、姫君へは雛人形が贈られる。

五月五日
端午《たんご》　五月五日の節句。二日ごろからさまざまの贈答があり、上巳同様対面が行われる。

六月朔日
氷室《ひむろ》之《の》氷《こおり》頂戴《ちょうだい》　吹上氷室の氷を頂く日。朝のうちに頂き、御台所、姫君たちに供される。また贈答にも使用される。表の儀式終了後、大奥に将軍が入り、御台所以下の礼を受ける。

六月十五日
山王祭礼《さんのうさいれい》　麹町山王社の祭礼。御台所は将軍とともに吹上にて神輿見物をする。

六月十六日
嘉定《かじょう》　疫気はらいの行事。表の規式終了後、将軍が大奥に入り、御台所以下と対面。老女が贈答品の目録を披露する。

六月中
土用入　大奥御座の間で将軍、御台所が対顔し、上臈、老女以下が拝賀する。またさまざまの贈答が行われる。

七月七日
七夕　七月七日の節句。この日の服は晒または縮で白色を着用する。

七月十五日
中元　盂蘭盆の行事。対面所に将軍が入り、御台所以下から祝儀を受ける。

八月朔日
八朔《はっさく》　将軍家の関東入国の日。表での盛大な規式に加え、大奥でも将軍に祝儀、贈答を奉る。

八月十五日
月見　夜、月見の宴が行われる。御台所、姫君方と将軍の間で肴、水菓子などの贈答がある。

九月九日
重陽《ちょうよう》　九月九日の節句。贈答などは七日頃から行われる。将軍は表の礼が終了したのち大奥対面所で御台所以下の祝儀を受ける。

九月十三日
月見　八月十五日と同じく夜に月見の宴があり、将軍と御台所、姫君方の間で贈答がある。

十月初亥ノ日
玄猪《げんちょ》　病除け、子孫繁栄、子宝を願い、将軍からのし餅、鳥の子餅などが姫君方などへ贈られる。

十二月十三日
煤納　年男の留守居が熨斗目長袴着用で務め、御広敷御用人番の頭以下役人たちが詰め、大奥の一年の塵をはらう。
祈禱　護持院が勤め、この日御広敷より大奥に入り行う。煤納の時と同様御広敷御用人番の頭以下の役人が詰める。

十二月二十八日
歳暮　将軍、御三卿方と御台所、姫君方で贈答がある。将軍からの品々のうち御台所への品は、御側衆が使に立てられる。

大奥の年中行事にはこのほか月次之御礼（朔日、十五日、二十八日）がある。また「大奥留記」によれば忌日・精進日が規定されている。一例をあげれば、歴代将軍・御台所薨去日、盆中七月十四日、三王祭礼日などがある。

奥女中の仕事

❶姫君の駕籠は一〇人の御末が担ぐ。五人ずつ前後に肩を入れるが、姫君に尻を向けるのは非礼なので、前の五人は後ずさりでかつぐ。彼女たちは仕事の性質上、男と同じぐらいの背丈が必要なので、勢い頑丈な大女揃いになる。それが柳営の葉竹模様の揃いの看板を着て、行列の後からついていく姿は、物見高い江戸っ子の目を引くに十分であった。

（作画＝中西立太）

❷「お白」と呼ばれる肌着や寝間着は各局で洗い張りする。ただ広い干場がないので、局の主人が出仕すると、お上部屋から多聞まで伸子張りした布を張り渡して干し、主人が帰ってくる前に取り込んでしまう。まさに「鬼のいぬ間の洗濯」であった。

❸局の掃除は、朝四時ごろから音のしない羽ぼうきで部屋を掃くことから始まる。十日か十五日ごとに廊下と台所の大掃除をする。これを「渡し掃除」といい、台所の天井にまで水をかけて洗う。

❹各局には竈（かまど）が一つずつあった。土竈を厚さ一寸（約三センチメートル）くらいの板で囲み、前面全部が銅で、縁も銅で包んであった。まわりの木枠の中に水を張って防火の備えにしてあり、水が少ないとお火の番に叱られた。揚げ物は火が入る危険があるので禁止されており、食べたいときは御広敷の台所で揚げてもらう。

❺お白の洗い張り用の糊は、水に漬けた米を石臼で挽く。これを瓶に取り十分熟させてから保存して使う。糊挽きは夏の夜に行う。その時は方々の部屋方が来て手伝うが、挽き手のまわりで唄をうたいながら挽く。

❻官給の食料の扶持米は一人前一日三合で、一か月分ずつ渡される。見栄を張って扶持米分の人数をおく局では、毎日多聞が大すり鉢で精米したが、大体は人数を減らし、その分を精米の費用に当てて外に頼んでいた。

❼廊下の隅には三角形のジンコ箱があり、紙くずなどを捨てる。奥のものは黒漆塗、局のものは春慶塗。一杯になると長局のはずれのゴミ捨場に捨てる。それをジンコ番の爺さんがゴミ集めに来て持って行く。

❽水汲みは最も重労働で、長局の端にある井戸部屋のつるべ井戸から二人で息を合わせて汲み上げ、玄蕃桶（げんばおけ）に入れる。この桶は、有馬玄蕃という人が明和年間（一七六四〜七二）ごろ創案したもので、本来は火消し用である。桶の柄の穴に直接棒をさすので、足捌きも楽でゆれも少なく、かついだまま桶を傾けるだけで、ほかの容器に水を移すことができる。低い下駄をはいた御末や多聞たちが、冬の廊下を重い水桶をかついで歩く姿はけなげなもので、これら下級女中の働きで華麗な大奥の生活が支えられていた。

大奥の娯楽

大奥では、精進日以外は鳴物（琴、三味線など）も差し支えなく、遊芸の師匠も通っていたが、習う者は少なく、正月でも羽根つきなども行われず、わずかに年少者や部屋方の者が縁側で手鞠《てまり》をつく程度であったという。だが「御賑《おにぎ》やかし」と称して、ある程度の羽目外しは認められていた。そのうちのいくつかを紹介しよう。

初午の日（二月最初の午の日）

この日には御広座敷の御末《おすえ》が、毎年定例で張子の馬に乗り、騎射の真似をして戯れた。また、奥や新御殿の御末たちは、手古舞姿で庭の築山にある稲荷に参詣した。その際、鳴物がないので皆は口三味線で囃し立て、踊りのできる者は身振り面白く踊った。この時は障子を少し開けて御台所《みだいどころ》の御透見《おすきみ》（のぞき見）があり、踊った御末に対し投げ物（祝儀）が与えられた。

四万六千日（七月十日）

この日、浅草寺《せんそうじ》に参詣すると一二七年間（四万六〇〇〇日）参詣したと同じ御利益に与かると伝えられ、同寺は前夜から参詣客が群集した。これにより大奥でも、この日に限って御火番の詰所に観音を飾り、そこに至る廊下にはずらりと提灯を並べ、しかも普段部屋に出入りしている物売り（婆）たちが、まるで縁日のように店を開いた。また、その日五つ（午前八時）頃には坂下門の堀まで船が来て、女中衆は自由に浅草寺に参詣できるという嘘の言い伝えがあり、新参の女中衆はよくだまされ、年少者の中には泣き出す者さえあったという。しかし、詰所に参詣した大勢の女中衆は締戸を叩き「開けて下さい、開けて下さい」と口々に叫び、はては玄蕃桶で叩き、時には締戸を打ちこわすなどの狂態を演じた。頃あいを見計らって御火の番が制止してやっと静まるのを例としたという。

針供養（十一月八日）

針供養当日は、普段とさして変わりはなく呉服の間の者も一日針を休めるなどということもなく、少し時間が短縮されるだけであった。しかし、部屋部屋では「御針供養のオミオツケ」と称して、各自持ち寄りで牛蒡《ごぼう》、人参《にんじん》、小豆、焼豆腐などを入れた味噌汁を作り、三度まで替えて食べるのを例とした。

現代流に言えばコンパの一種に違いないが何ともささやかなものではある。

お囃しや鳴り物に合わせて踊る新参者の女中（『風俗画報』）

習わしといつわり新参の女中をからかう女中たち（『風俗画報』）

読書や雑談を楽しむ御台所と奥女中（『風俗画報』）
中央で読書する御台所を囲んで、御中臈（右）や御年寄（左下）がくつろぐ。

師匠に舞いや三味線を習う奥女中たち（『風俗画報』）

年越しの夜に、古参の御末が新参の御末に新参舞を踊らせて、大いに騒いだり、「しきたりだから」といって炉の灰に面形を作らせたりすることもあったという（右ページ下）。いわばいじめであるが、ここでいう御末は御端下《おはした》以下の者であろう。ただし実際にこのようないじめが行われたかどうかは定かではない。

（早川純夫）

江戸城の乗り物

出入口が引戸の物を乗り物、簾《すだれ》で巻き上げる物を駕籠《かご》という。幕府は乗り物の使用者を制限し、公卿・上級武士・神官・僧侶・学者などに限った。階級により形式が異なり、大型で棒の長いのは長柄《ながえ》と呼ばれ高級な乗り物。かつぐのは陸《ろく》尺《しゃく》とよばれる男たちで、陸尺看板という、長い袖に肩から模様のある法被《はっぴ》を着ていた。

陸尺は階級によって制服や人数が異なっていた。将軍の陸尺は手替り（交代）を合わせて二〇人、老中で一〇人、国持大名八人、大目付・寺社奉行・奏者番六人、町奉行四人、小身者二～三人であった。

Ⓐ 御唐車

❶ 溜塗惣網代棒黒塗

❶将軍の乗り物で大型。全体に細い檜の薄板を網代に編んで張ってある。溜色は現在の天皇の公式車と同じ色。日覆も同色。陸尺の制服は将軍・三家・三卿・喜連川家は特に黒絹の羽織で脇差を佩く。これ以下は脇差はなく陸尺看板で、乗り物の資格のある家では紋付、それ以外では無紋。

❷ 黒塗惣網代棒黒塗

❷大名の道中乗り物。将軍と同じ溜色（ためいろ）の物もある。ただし、江戸では将軍家を憚り、一段下の打揚腰網代（うちあげこしあじろ）を使う。官僧も同形式だが、色が朱漆か黄漆。江戸官僧の物はやや小型。

❸ 打揚腰網代

❸打揚は窓が無双窓ではなく、簾が下がっている。中は障子。腰の部分のみ網代で上は板。網代の部分が多い方が高級で一重、二重という。全体に素地か淡緑色だが、加賀前田家のみ網代部分が白。

Ⓒ **板輿**

Ⓑ **釣輿**

作画＝中西立太

Ⓐ御唐車　牛車の一種でやや大型。通常は牛一頭で引くが、貴人の儀式時は二頭で引く。この車は、家康が将軍宣下の時京都で朝廷から特に許されたものだが、本来は上皇か女院の車である。特色は両庇と脇に檳榔（びんろう）の葉を細く切ったものが垂れていることだが、家康の場合庇の葉が略されている。これの略式が雨眉車で、葉がなく関白・太政大臣用。

Ⓑ釣輿　「東福門院入内図屏風」に描かれており、輿（こし）から駕籠への移行形と考えられる。棒が屋根の下を通る。宮家に仕える婦女子の乗り物。

Ⓒ板輿　屋形を板張りにした乗り物で室町期から始まった。階級は駕籠より上。ほかに網代輿、張輿、塗輿などがある。

❹腰の網代部分のみ黒、棒は素地。松平越中守のみ棒黒。陸尺は三人、男物の日覆は屋根に直接置く。

❻ 御忍駕籠

❻大名やその室が御忍びの時に使う。このクラスから莚打（ござうち）となる。特色は日覆と屋根の間が透かしてあり、太い黒の八つ打紐で結んであること。かつぎ手もここから轎夫（きょうふ）という三人。

❹ 腰網代

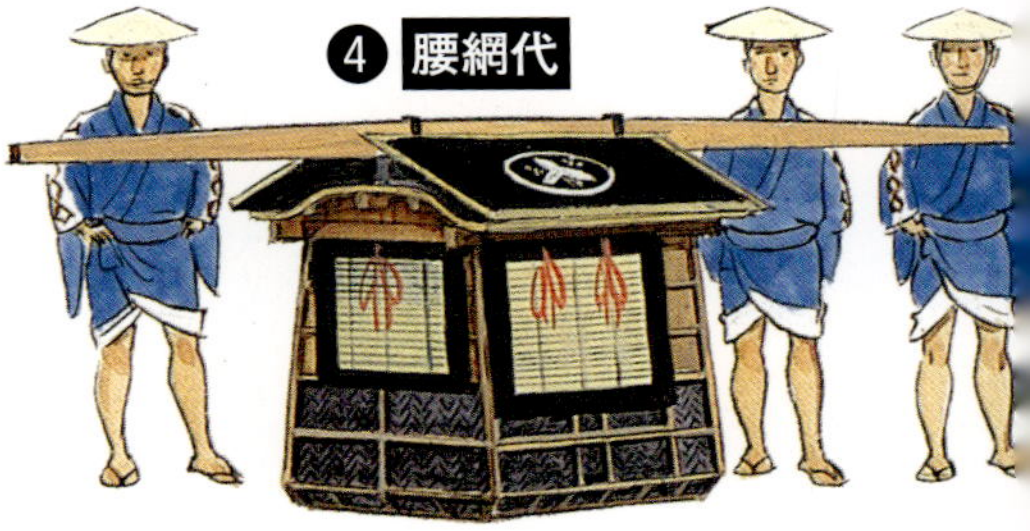

❼ 留守居駕籠

❼江戸在住の諸藩の役人が乗る。家老以下重臣は、道中では腰網代か腰黒を使うが、江戸ではこれを使う。棒は桐で素地のまま。棒は時に溜塗をするが黒はない。轎夫は三人か二人。

❺全体に板張りで、腰の部分のみ黒漆塗で、ここを一層、二層という。陸尺は二人。

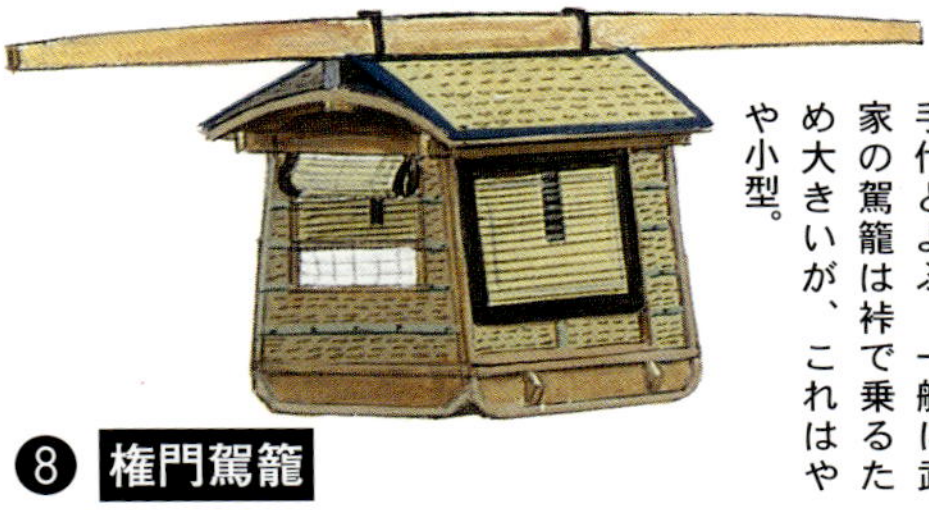

❽ 権門駕籠

❽大名の家臣で駕籠のないものが、主人から借りて乗る。戸も莚打、押縁（おしぶち）は竹。日覆は莚で紺縁取。轎夫は二人でこの場合は手代とよぶ。一般に武家の駕籠は裃で乗るため大きいが、これはやや小型。

❺ 腰黒

女性用の乗り物にも階級差がある。
最上位は車だが、後《ご》水尾《みずのお》天皇に入内した秀忠《ひでただ》の娘、和子が乗ったくらいで、他の嫁入はほとんど板輿《いたごし》である。左図は一〇代家治《いえはる》の養女で、紀州の徳川家へ嫁いだ種姫の板輿で、白塗りで金の葵紋がついている。

　上級者の乗り物の乗降は男も女も奥で行い、玄関先までかつぎ出すが、大奥の場合は男子禁制なので、玄関までは男と同じ背丈の大女の御末《おすえ》がかつぎ出す。玄関先で男の陸尺と交代した彼女たちはそのまま同行し、相手方につくと再び玄関先で交代して奥へかつぎ込む。

　男に比べて非力なので、御台所《みだいどころ》の乗り物は御末一二人でも重かったという。男陸尺四人でかつぐ輿の場合は女なら八人で、四人が棒につき、あとの四人は乗り物の下端の環を握って持ち上げる。

①惣黒漆金蒔絵棒黒塗

❶大名の室、姫君などの乗用。特色は日覆のつけ方で、屋根との間を透かし、太い紐で棒に結びつけてある。これは御忍駕籠と同形式（九三ページ参照）。

❸網代朱漆棒黒（紅網代）

❸乗用者の階級は窓と後の紋金物の数で決まっている。
三ツ金物　御年寄
二ツ金物　御局以上
（おそらく御手付中臈）

②ビロード巻黒棒黒

❷紺唐草のビロードで全体を包む。日覆は男物と同じく直接屋根に置く。姫君、上臈、小国大名の室、大禄旗本の室、大国大名上級家臣の女房の乗用。

（作画＝中西立太）

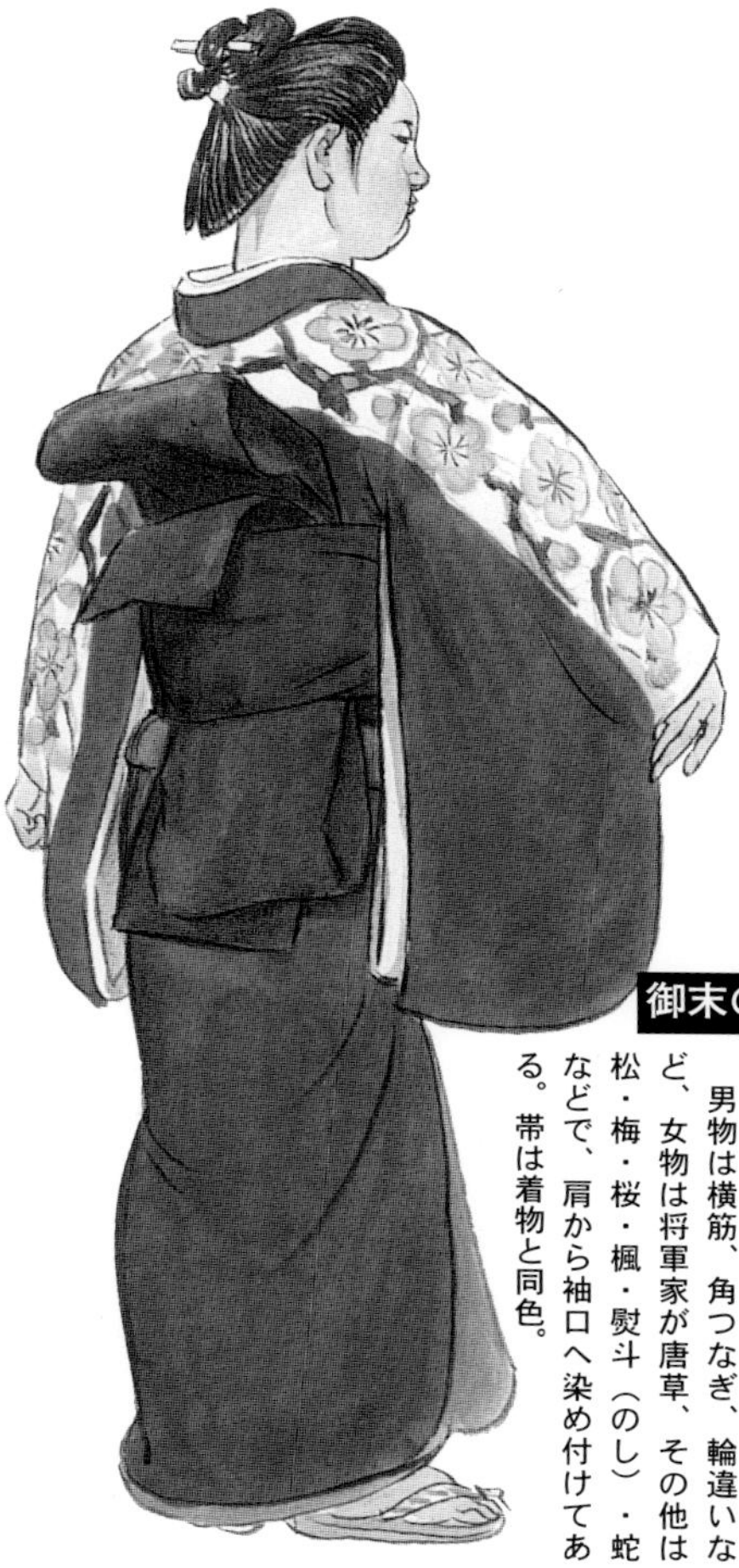

板輿

御末の看板

男の陸尺と同じく各家特有の看板（武家の小者などが着た短い衣服）がある。

　男物は横筋、角つなぎ、輪違いなど、女物は将軍家が唐草、その他は松・梅・桜・楓・熨斗（のし）・蛇などで、肩から袖口へ染め付けてある。帯は着物と同色。

④青漆黒銅貝鋲打棒黒

④鋲打ちと呼ばれる奥女中の代表的な乗り物。このクラスからやや小型。金物で階級を分ける。日覆なし。
一ツ金物　御中臈、大名上中級家臣の女房。
金物なし（銅鋲のみ）表使から呉服の間の奥女中。中禄の旗本の室。

⑥権門駕籠

⑥大名の室の御忍び用で男物と同じ（九三ページ参照）。

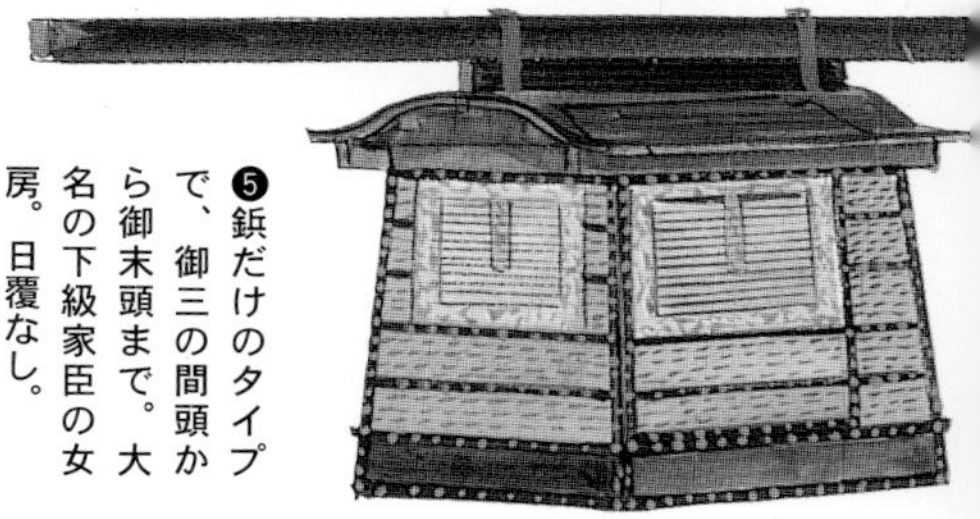

⑤蓙打黒銅鋲打棒黒

⑤鋲だけのタイプで、御三の間頭から御末頭まで。大名の下級家臣の女房。日覆なし。

⑦あんた駕籠

⑦御末などが、上の用事で出かけたり、病気下がりの時などに使う。常備は二～三挺で、多く必要なときは民間から借り上げる。

御代参・御上使

奥女中の外出はほとんどない。

御目見得以上の女中は、自分の病気か、親の死以外に外へ出る機会はない。御目見得以下や又者（多聞ともいう）の女中は、結婚を理由に引退できた。

そんな奥女中たちの楽しみは、御台所の使者や、上野の寛永寺、芝の増上寺などへの代参の供であった。この代参は、御台所の名代で、御年寄が行く。10万石の規模、老中の格式で扱われるから、行列も多人数で華やかである。『徳川実紀』などに代参の記録が多くあるが、御一周忌、御三年、御五年などの参拝は、寺に莫大な進物をして供養をし、寺の方でも御台所や代参の者へ多くの礼物を贈ってもてなした。

これらの年忌参拝は公式行事なので、下げ髪で鬱金（うこん、濃い黄色）の合着であった。おそらく打掛は地黒のもの。その他のやや格の下がる寺社への代参の時は、合着が地白、打掛が地黒であった。

供は自分の部屋の局一人、多聞二人を同行する。局は縫入りの打掛、髪はもみじまげ、多聞は黒木綿の腰模様の着物、裏萌葱（黄色がかった緑色）、帯は縮緬か紗綾（さや）で、模様は手綱染めか知恵の輪を染めた半分黒い合わせ帯。格式の高い大規模な御代参の場合は、これに表方から行列のための供揃いがつく。

こういう大規模な御代参と異なり、他家へ使者としてゆく御上使の場合はずっと質素で、同じ供に奥の御使番が加わる。それに御広敷から添番、伊賀者、小人が同行する。駕籠の格式は、御年寄から御右筆までは、一対の挟箱に駕籠用の合羽籠がつく。御次から呉服の間は跡片挟箱。

代参の時は着替えないが、御上使の時は、用が済むと相手方で縮緬で縫の入った着物（袱紗小袖〔ふくさこそで〕）に着替える。これを自分の紋入りの箱に入れ、縫入りの袱紗で包んでかつがせる。

面白いのは陸尺で神田三崎町の人入れ屋からの雇い上げで、ぞろりと長い紋なし黒無地の看板を着せて、かつがせた。陸尺看板（武家の小者などが着た短い衣服）は特殊な仕立てで、着丈はひざの後ろぐらい、袖が長くしかも丸くカットされた、なぎなた袖で、肩から腕、あるいは袂の先に奇抜なデザインの模様が入っていた。

地黒の打掛姿の奥女中

陸尺看板

（復元＝中西立太）

寛永寺と増上寺

●寛永寺

元和《げんな》元年（一六一五）、二代将軍秀忠《ひでただ》は、家康の意を受け、天海僧正《てんかいそうじょう》のために江戸城の鬼門に当たる上野の地に寺院建立をはかり、寛永二年（一六二五）二月に着工、同四年には本堂、常行堂《じょうぎょうどう》、法華堂などを有する東叡山寛永寺《とうえいざんかんえいじ》を完成、五代綱吉《つなよし》の元禄《げんろく》年間（一六八八〜一七〇四）に至って数十の堂塔《どうとう》伽藍《がらん》がすべて備わった。

寺領一万二〇〇〇石、上野山一帯三三万余坪の寺域を有する同寺は、桓武《かんむ》天皇の御代、御所の鬼門に当たる比叡山《ひえいざん》に延《えん》暦寺《りゃくじ》を開いたことに因んでおり、本堂をはじめ経蔵《きょうぞう》、多宝塔、仁王門などはすべて延暦寺に倣っている。

初代住職は天海僧正で、彼はこれも延暦寺に倣い、皇子を迎えて住職とし、天台をはじめ宗教界全体に君臨せしめようとした。だが彼の生前には実現せず、承《じょう》応《おう》二年（一六五三）後水尾《ごみずのお》天皇の第三皇子尊敬（守澄）法親王が迎えられ、同時に比叡・日光両山も兼帯したことから三山管領宮とよばれた。また、特に輪王《りんのう》寺《じ》の称号も勅許された。

同寺には、日光に祀られた家康（初代）、家光《いえみつ》（三代）、家綱《いえつな》（四代）、綱吉（五代）、吉宗《よしむね》（八代）、家治《いえはる》（十代）、家斉《いえなり》（一一代）、家定《いえさだ》（一三代）（維新後に慶喜《よしのぶ》）の霊廟《れいびょう》が建てられ、家康の定めた徳川家菩提寺増上寺《ぞうじょうじ》からの異議に対し、幕府は両寺とも菩提寺として並立するよう計らった。

将軍の年回忌には、増上寺とともに御台所の名代として江戸城大奥の御年寄が代参することを例とした。

明治元年（一八六八）五月、彰義隊《しょうぎたい》戦争によって現存する四、五の建物を除いてすべて焼失したが、同寺は江戸中期頃から現代に至るまで桜の名所として賑わっている。

●増上寺

もとは豊島郡貝塚村（千代田区平河町）にあった光明寺という真言宗《しんごんしゅう》の寺だったが、元中《げんちゅう》二年（一三八五）西誉《ゆうよ》上人によって浄土宗に改められ、三縁山増上寺と改称された。

天正《てんしょう》十八年（一五九〇）八月一日、徳川家康は江戸入りしたが、時に門前にたたずむ源誉存応《げんよぞんおう》（普光観智国師《ふこうかんちこくし》）に目をとめ、会釈して翌日の訪問を約し、徳川家の菩提寺となることを頼んだという。

以後、徳川家の篤い帰依を受け、慶長《けいちょう》三年（一五九八）現在地に移り、同十年には大伽藍が建立され、三年後には勅願所となり浄土宗関東一八檀林《だんりん》の筆頭となった。また、三河《みかわ》・遠江《とおとうみ》以東一七か国の総録所として宗門行政・教学の実権を握り、寺領五二〇〇石、二〇万坪に及ぶ広大な寺域を有し、京都の本山知恩院を凌ぐ寺勢を誇った。

建物は、本堂内黒本尊を中心に二代秀忠および夫人の霊廟をはじめ、家宣《いえのぶ》（六代）、家継《いえつぐ》（七代）、家重《いえしげ》（九代）、家慶《いえよし》（一二代）、家茂《いえもち》（一四代）ら六代の将軍の霊廟が並び、また、江戸一番といわれる大鐘は「大きく撞けば芝浦の漁労なしとて小音に撞く也。されどそのうなる音、江戸中に響く也」と『一話一言』に記されている。

（早川純夫）

芝増上寺の徳川将軍家霊廟古写真
（横浜開港資料館蔵）

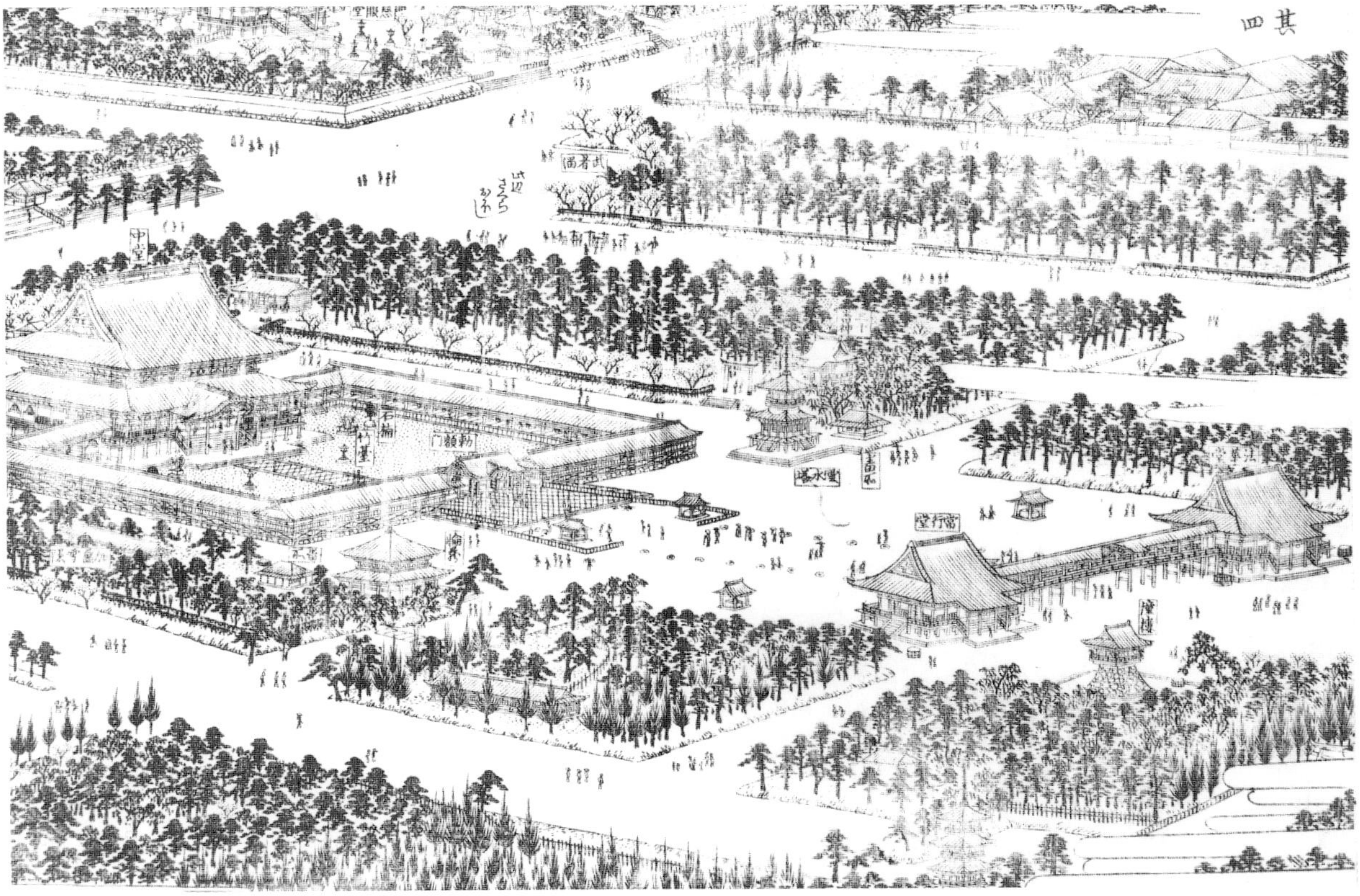

『江戸名所図会』に描かれた上野寛永寺の境内　（『江戸名所図会』）

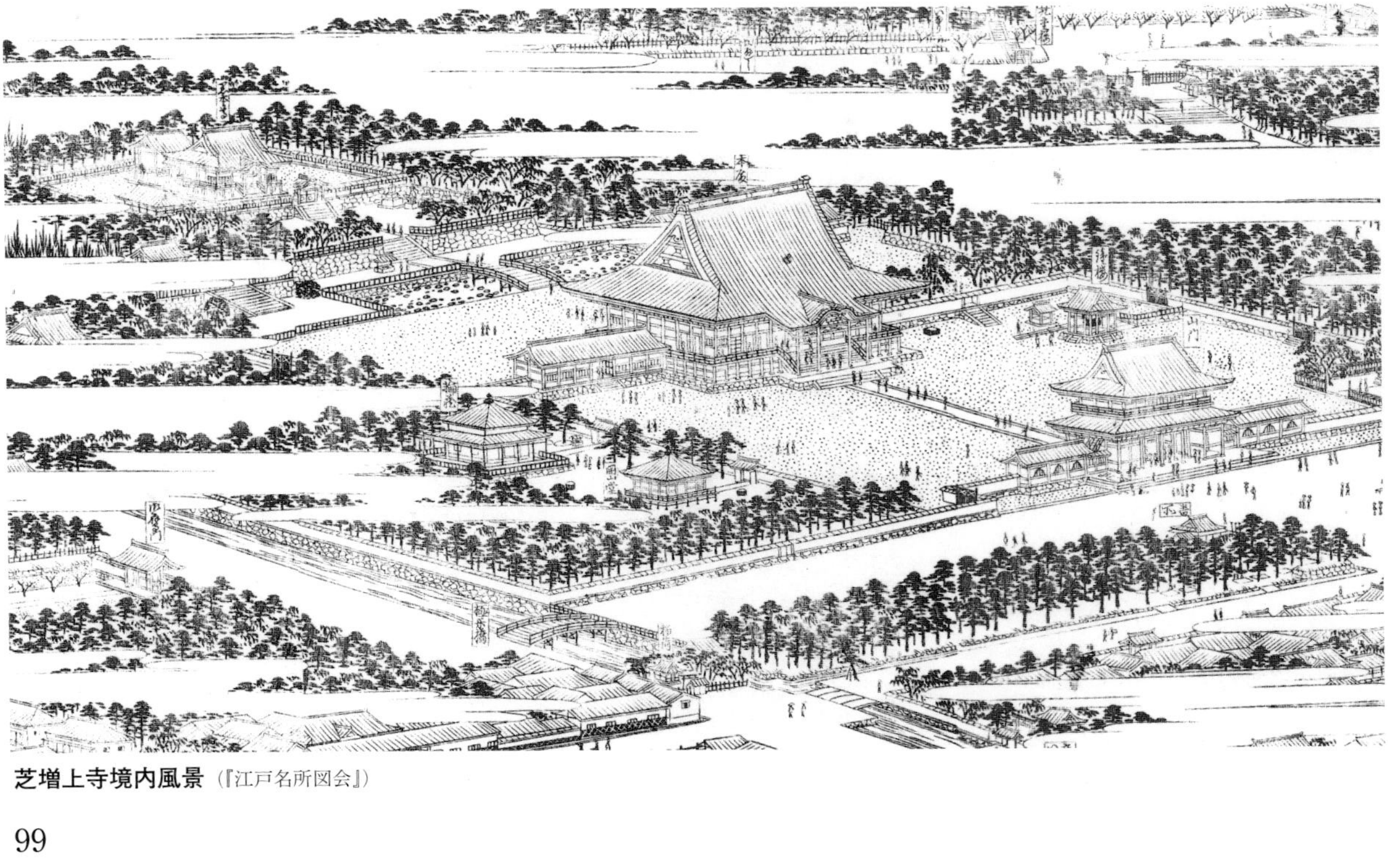
芝増上寺境内風景（『江戸名所図会』）

古写真で蘇る江戸城

北桔橋門内部
北桔橋門桝形の内部を見る。右に続く多聞櫓は北桔橋多聞櫓で、左の櫓門を入ると本丸である。右の石垣上の木組は「水イド」。

富士見三重櫓
西の丸裏門付近から望んだ富士見櫓。天守が建てられなくなってからは、その代用とされた。富士見櫓の右奥は寺沢二重櫓、右手前は蓮池門渡櫓と長塀。

江戸城弘化度本丸・二の丸復元図

（考証＝平井 聖・作画＝藤田正純）

①本丸	⑪汐見多聞櫓
②天守台	⑫台所前三重櫓
③富士見三重櫓	⑬蓮池門
④宝蔵	⑭寺沢二重櫓
⑤数寄屋二重櫓	⑮百人二重櫓
⑥乾二重櫓	⑯百人番所
⑦北桔橋多聞櫓	⑰百人多聞櫓
⑧北桔橋門	⑱二の丸
⑨上梅林門	⑲巽三重櫓
⑩汐見太鼓櫓	⑳東三重櫓

上梅林門

上梅林門は本丸・二の丸間にある門のうち、最も北に位置していた。二の丸側から上梅林渡櫓門を見たところで、手前に見える寄棟屋根の建物は番所、その左手の切妻屋根の建物は中仕切門である。左の高石垣は汐見太鼓櫓の跡で、この時期すでに櫓は失われている。写真には「塩見多門ノ跡」とある。

本丸跡

南東側から天守台（右）方面を望んだもので、天守台左手の櫓は乾二重櫓。

100 ～103 ページの古写真は蜷川式胤『観古図説』（東京国立博物館蔵）所収。

巽三重櫓

二の丸東端にそびえ立っていた。後方は東三重櫓。

本丸南西部

本丸内から見る。かつてこの敷地に甍を連ねていた本丸御殿の殿舎群は跡形もない。右の櫓は数寄屋二重櫓。

西の丸から見た坂下門（上）

右手前が坂下門。中央に立つ櫓は蓮池巽三重櫓。右後方に小さく和田倉門が望める。

蓮池門と蓮池巽三重櫓（中右）

蓮池門は西の丸から本丸へ通じる門。左は蓮池巽三重櫓。本丸宝蔵付近からの撮影と思われる。

二の丸を望む（中左）

台所前三重櫓付近から望んだ景観。中央の櫓が百人二重櫓、手前が百人多聞櫓。多聞櫓の下に低く見える屋根は百人番所である。

北桔橋門と乾二重櫓

右が乾二重櫓。左に見える北桔橋門は現在、櫓門も桝形もないが、高麗門は復元されている。

江戸を歩く〔江戸城編〕

文＝河合　敦

旧江戸城内を歩く

地下鉄大手町駅から地上に出ると、かなたに江戸城の大手門が見える。満々と水をたたえた内濠を渡り、大手門へ向かう。門の白壁に陽光が反射し、まぶしいくらいだ。ここがかつての江戸城の正門であった。門をくぐると石垣で行き止まる。進路は、右へと続く桝形状になっている。石垣の左隅に鯱《しゃち》が置かれている。残念ながら旧大手門は先の大戦で焼失し、現在の門は戦後の再建である。この鯱は旧門に飾られていたもので、ずいぶん険しい顔つきで、私を江戸城内に迎えてくれた。

石垣手前を右手に折れて、再び門をくぐると皇居東御苑の入口である。東御苑は、江戸城の本丸・二の丸と三の丸（一部）跡を一般に開放した二一万平方メートルにおよぶ敷地で、入場は無料、写真・ビデオ撮影も許可されているが、かならずここで入園票をもらって中に入らなければならない。入ってすぐ右手に三の丸尚蔵館が立つ。ここではよく、いろいろな企画展が行われている。

反対の左側には、皇宮警察の建物が並ぶ。旧枢密院《すうみついん》の建物も現存するというが、残念ながら一般人は立ち入りを禁じられている。

しばらくまっすぐ行くと、大手三の門跡の石垣にいたる。ここを越えると二の丸で、右手に純和風の建物が現れる。同心番所といい、登城する大名を監視する場所だ。番所を過ぎて左に折れ、再び石垣の間を抜けると、左手に京都の三十三間堂のような屋敷が姿を見せる。それにしても、その長大さには圧倒される。名を百人番所といって、鉄砲百人組と呼ばれた甲賀組・伊賀組・根来組・二十五騎組の四組が交代で、ここに滞在して周囲の監視を行っていたという。番所を過ぎると、また門跡だ。中の門である。そこを入るとここにも右手に大番所がある。百人番所に比較すると、それほど大きくないが、百人番所より高位の御家人が詰めていたそうだ。

大番所からは、うねうねとなだらかな坂

大手門

百人番所

中の門跡の石垣

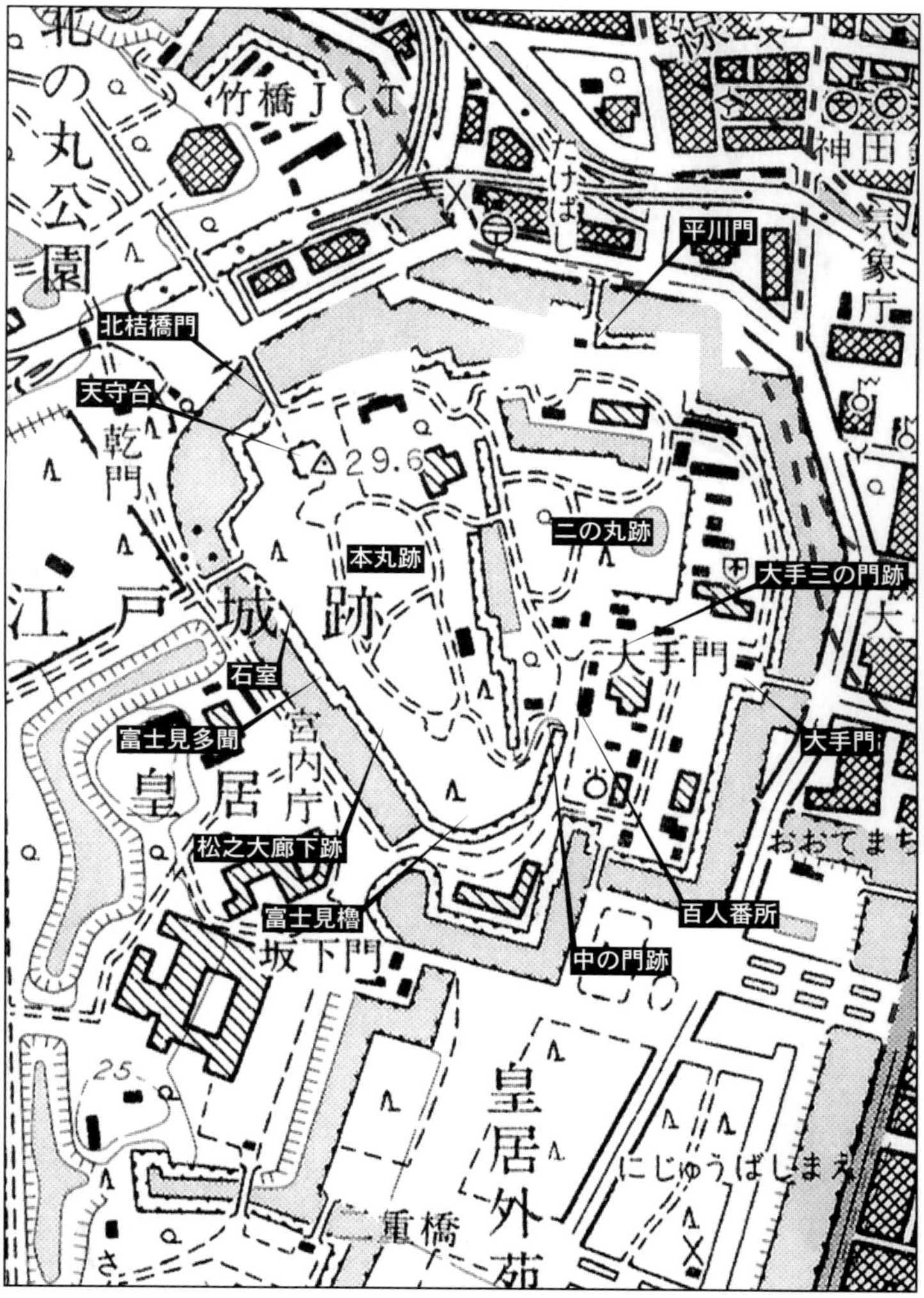

「松之大廊下跡」

石室

を上がる。のぼり切ると、視界が一気に開ける。ここが本丸跡である。江戸時代は、書院造の巨大な御殿が表・中奥・大奥と続いていたが、現在中心部は、一面の芝生が広がる、洋風庭園となっている。周辺部には楠や松などの巨樹が林立し、歴史の古さを感じさせる。各所にベンチが置かれ、ここに腰掛けて過去に思いを馳せるのもいいだろう。

本丸を左回りに歩いてみる。最初に現れたのが、「松之大廊下跡」である。かの赤穂《あこう》藩主浅野《あさの》長矩《ながのり》が、吉良《きら》上野介《こうずけのすけ》に刃傷沙汰におよんだという有名な廊下である。もちろん、廊下は現存せず、その跡地には、拍子抜けするほど小さい石碑が立っているだけである。

散策路は、きれいにコンクリート舗装されている。松之大廊下からしばらくいくと、本道から小径が右手へ上がってゆく。のぼりきったところに、長屋造りの倉庫があった。富士見多聞といって、石垣の上に建造された建物で、大量の武器が保管され、敵が来襲した際には、ここから武器を取り出すとともに、格子窓から敵を狙撃できる構造になっている。かつてはこうした多聞が一五あったというが、現存するのはこれだけだという。

富士見多聞から坂を下りきると、左に石室がポッカリと暗い口を開けている。石室とは、石垣で囲まれた小部屋のことだ。この場所は、大奥上御納戸の脇に位置し、火事などのさいに調度品を避難させたのではないかと考えられている。ただ、一方で、抜け穴があるのだとか、金蔵だったという説もある。ちょっと不気味な暗室である。

石室から目を遠方に転じると、木々の狭間から石積が見え隠れする。巨大な石垣が三段に組まれている。異国の祭壇のような印象をうけるが、この上にはかつて、五層の天守がそびえていた。なんと高さは五八メートルもあったそうだ。しかしながら、明暦の大火（一六五七年）で焼け落ちた後、ついに天守は再建されることなく、この石積の天守台だけが残った。

天守の石積には、ちゃんと石段があって、来場者は頂にのぼってかまわない。石垣に挟まれた頂への道を見上げると、遮るものは何ひとつなく、天に向かって続いているような錯覚を覚える。頂上からは日本武道館などが一望でき、都会の景色を楽しむことができる。

天守台の裏手は、北桔橋門《きたはねばしもん》と呼ぶ高麗門《こうらいもん》があり、ここからも出入りできるようになっている。昔、ここにかかる橋は、敵の来襲時には跳ね上がる構造に造られていたという。

天守台石垣

梅林坂

北桔橋門

同門を左手に見ながら、内濠に沿って進む。右側にそびえる近代的な建物は宮内庁書陵部《しょりょうぶ》である。書陵部を過ぎるあたりから、道は葛折りにくだりはじめる。坂の名を梅林坂といい、石垣の手前に紅白の梅がたくさん植えられている。ちょうど私が訪ねたとき、梅花がよい芳香を周囲に放っていて、梅を写真におさめようとするカメラマンも少なくなかった。

梅林を抜けて右手にいくと、もと来た百人番所へ戻る。私は戻らずに左側の門から外へ出た。この門は平川（河）門といい、大奥の女たち専用の門で、罪人や死者の運び出しにも使用された。先に述べた浅野長矩も、吉良に斬りつけたさい、ここから出され、その日のうちに切腹して果てている。

和気清麻呂像

平川門橋を渡って内濠を越え、濠に沿って右手へ数分進むと大きな銅像がみえてくる。和気清麻呂《わけのきよまろ》像だ。周囲は大手濠緑地という公園で、園内には内濠に向かってベンチが設置され、幼子を連れた母親と、老人二人が腰をおろし、濁った深緑色の水面を静かに眺めていた。カモと白鳥が優雅に泳いでいる。

清麻呂像は、背筋をピンと張り、皇居の方を見すえて直立している。頭には冠をのせ、きちんと束帯《そくたい》を着して正装し、右手に笏《しゃく》を持つ。豊かな口髭と顎髭をたくわえた端正な容貌からは、凛《りん》とした威厳さえ感じられる。まことに良い像である。彼の像があるのは、道鏡の野望から皇室を守ったことに由来する。

私は銅像にしばらく見入ったあと、すぐ横の入口から竹橋駅への階段を下った。

外濠の見附を巡る

ＪＲ飯田橋駅西口を出ると、目の前に牛込橋が広がる。橋を左へ渡った交差点に、かつて牛込橋門が、江戸城を背にして立っていた。門をくぐると、三方を高い石垣に囲まれた方形の空間が広がり、そこには番小屋がそびえ、番士たちが武器を携帯して厳重な監視を行っていた。こうした江戸城への諸橋を防御する施設を、橋自体をふくめて見附《みつけ》とよぶ。

江戸城の濠というのは、外濠と内濠の区別が明瞭ではなく、城濠は螺旋状に回転しながら内濠から外濠へと連結し、やがて外濠は神田川となって隅田川へと合流する。今回は、ここを起点に、見附跡をめぐりながら外濠を散策してみようと思う。

明治時代、牛込見附の大半は撤去されてしまうが、それでも数メートルにわたって、いまでも石積が残っている。橋下には、巨大な外濠が通っていて、半分が水濠、残りが線路として活用されている。このあたり一帯は、戦国時代までは草原だった。そこを、人力でこれだけの大濠を掘削したのだ。人間の力というものはすさまじい。

牛込見附跡の石垣

牛込橋を見附と反対方向へ渡ると、外濠通りにぶつかる。左手に水濠を眺めながら通りを一五分歩くと市ケ谷駅に着く。昔、ここにも見附があったというが、いまは付近の丁字路の信号に市ケ谷見附の文字があるだけだ。

四谷見附跡の石垣

駅を過ぎると、濠のくぼみは浅くなって水は地下へ吸いこまれ、濠上は公園に変わる。公園を抜けると、そこはもう四ツ谷駅だ。

駅の手前に新見附橋という橋がある。この橋をわたった左上の土手に、見附の石垣が残っている。ゆうに高さ四、五メートルはある。裏手の階段からは、垣上にのぼることができ、頂には巨樹が根をはっている。

四ッ谷駅前に上智大学がある。付近の外濠は現在、同大学のグランドになっている。濠上の土手からは、下で学生が野球やテニスを楽しんでいる様子が遠望できる。そんな風景を見ながら濠上を赤坂方面へ歩いてゆくと、やがて紀尾井坂《きおい》とぶつかる。この交差路に、かつて喰違《くいちがい》見附があったが、すでに石垣はなく「喰違見附」と記された鉄柱が立つだけだ。

紀尾井坂をわたると、ホテルニューオオタニが建つ。ここは井伊家の屋敷跡である。いまでもホテル内には、同家の灯籠や庭園が残っていて、庭園回遊路が一般に開放されている。回遊路を通ってホテルの敷地を抜けると、右手に弁慶橋がかかり、橋下の濠は再び水をたたえている。目の前は赤坂プリンスホテルで、ここも昔は紀伊《きい》徳川家の屋敷だった。そのホテルのプールの真下に赤坂見附がある。石垣がかなりきれいに残存している。

弁慶橋から弁慶濠を望む

ここからは、外濠は完全に埋め立てられ、濠上を外濠通りが走る形になる。数分歩くと、巨大な日枝《ひえ》神社の鳥居が見えてくる。神社は、江戸城を築いた太田道灌《おおたどうかん》が鎮護神として城内に勧進したのがはじまりともいわれ、徳川家の崇敬も非常に厚かった。

赤坂見附跡の石垣

日枝神社

赤坂見附駅から、地下鉄に乗って銀座駅でおりる。徒歩一分で数寄屋橋跡に出る。数寄屋橋も外濠見附のひとつだが、『君の名は』という名作で橋名を記憶している人のほうが多いだろう。橋は関東大震災で崩壊、かわりに強固な石橋を再建した。『君の名は』の町子と春樹が出会ったのは、その橋の上だった。その後、銀座の発展にともない、橋は消えた。

《 数寄屋橋　此処に　ありき 》

そう刻んだ、『君の名は』の作者菊田一夫の石碑が、橋跡に立っている。碑のうしろには、岡本太郎の巨大なモニュメントがある。

ここから東京駅方面へと歩いてゆく。

途中で、妙な形をした石を見た。銘に「銀恋の碑」とあり、いまは亡き石原裕次郎の歌った『銀座の恋の物語』の一節が刻んである。

有楽町、鍛冶橋《かじばし》をすぎ、東京駅八重洲北口までくると、遠山の金さんで有名な北町奉行所跡がある。さらに呉服橋交差点を過ぎ、一石橋《いっこくばし》までくると、橋の手前に、人の背丈ほどの石塔が立つ。「迷子知らせ石標」といい、石塔上部に半紙ほどのくぼみがある。ここに迷子の特徴を書いた紙を張りつけ、迷子を保護している人、探している人が、知らせあうのだ。一石橋をわたり、日本橋川を左手に見ながら外濠通りを数分ゆくと、明治十年につくられた文明開化の薫りがする石造りの常盤橋《ときわばし》（眼鏡橋）がかかる。橋を渡ると左右に

数寄屋橋の碑

常盤橋見附跡の石垣

見事な石垣が残る。これまでで一番よく見附遺構が残存する。ここは外郭の正門とされ、両国橋ができる以前は、江戸一番の大橋だった。

石垣の裏に渋沢栄一像が立つ。関東大震災のとき、大打撃を受けた常盤橋周辺を、渋沢はみずからの財力で修復した。その功績が、この地への銅像建立となったのである。

さて、江戸城外濠めぐりは、ここを終点としたい。今回歩いてみて、江戸城がいかに巨大な城郭だったかを改めて実感するとともに、東京にはまだ江戸が残っていることを知った。東京の中の江戸、これは是非次代へ残していきたい大切な遺産だと思う。

将軍の菩提寺をゆく

地下鉄大門駅から地上に出ると、目の前を大きな道路が走る。第一京浜、旧東海道である。そこを右手に折れると、遠くに寺院の門が眺望できる。増上寺《ぞうじょうじ》の大門《だいもん》だ。同寺は、徳川将軍家の菩提寺であり、二代秀《ひで》忠《ただ》、六代家宣《いえのぶ》、七代家継《いえつぐ》、九代家重《いえしげ》、十二代家慶《いえよし》、十四代家茂《いえもち》と家茂夫人和宮《かずのみや》の墓がある。

大門へと続く道の両側には、飲食店、写真館、カラオケ店、ホテル、銀行など、さまざまな店が軒を連ねる。大門の脇には、安藤広重が増上寺を描いた風景浮世絵の碑が立つ。

門をくぐると、今度は巨大な赤門が眼前に迫る。増上寺の三門《さんもん》である。先の戦災で、増上寺の大半は焼失してしまったが、この朱塗りの入母屋造《いりもやづくり》の楼門は奇跡的に無事だった。現在は、重要文化財に指定されている。

三門から先は、広大な境内である。境内には、ユニークな仏像や碑がちらばる。いくつか紹介すれば、千代田水産株式会社の魚供養之碑、ブッダの足型を刻んだ仏足石、山野愛子氏がハサミに感謝して建立した聖鋏観音、アメリカ四一代大統領のブッシュが植えた槙、同じく一八代大統領グラントが植えた松などがある。

増上寺大門

石畳の道をまっすぐに進み、石段を上ると、大殿が鎮座する。まるで東大寺大仏殿のような巨大な建物だ。戦後、三五億円を投じて建設されたという。大殿内には、本尊の右に浄土宗の開祖法然上人《ほうねんしょうにん》が、左に高祖善導大師が安置されている。大殿の右隣の建物が安国殿である。ここには、徳川家康の念持仏である黒本尊阿弥陀如来《あみだにょらい》が安置されている。この本尊は秘仏で、年三回しか公開されていない。が、殿内奥の歴代将軍の位牌については、拝観が許されている。巨大な金銀の位牌がならぶ様は、なかなか壮観である。

めざす徳川将軍家の墓所は、この大殿の真裏にひっそりと存在する。かつての墓域は、同寺の北に隣接する東京プリンスホテ

増上寺大殿

ルから南に接する民間のゴルフ場をまたぐ広大なものだったが、戦後売却され、いまは境内の一隅に将軍の墓石がひしめいている。残念ながら現在、墓所に入ることは許されていない。ただ、将軍の命日などに公開されるというから、事前に問い合わせれば拝観できる。墓所入口の鋳抜門は重厚で、葵紋や竜の浮き彫りが将軍家の威厳を感じさせ、一見に値する。

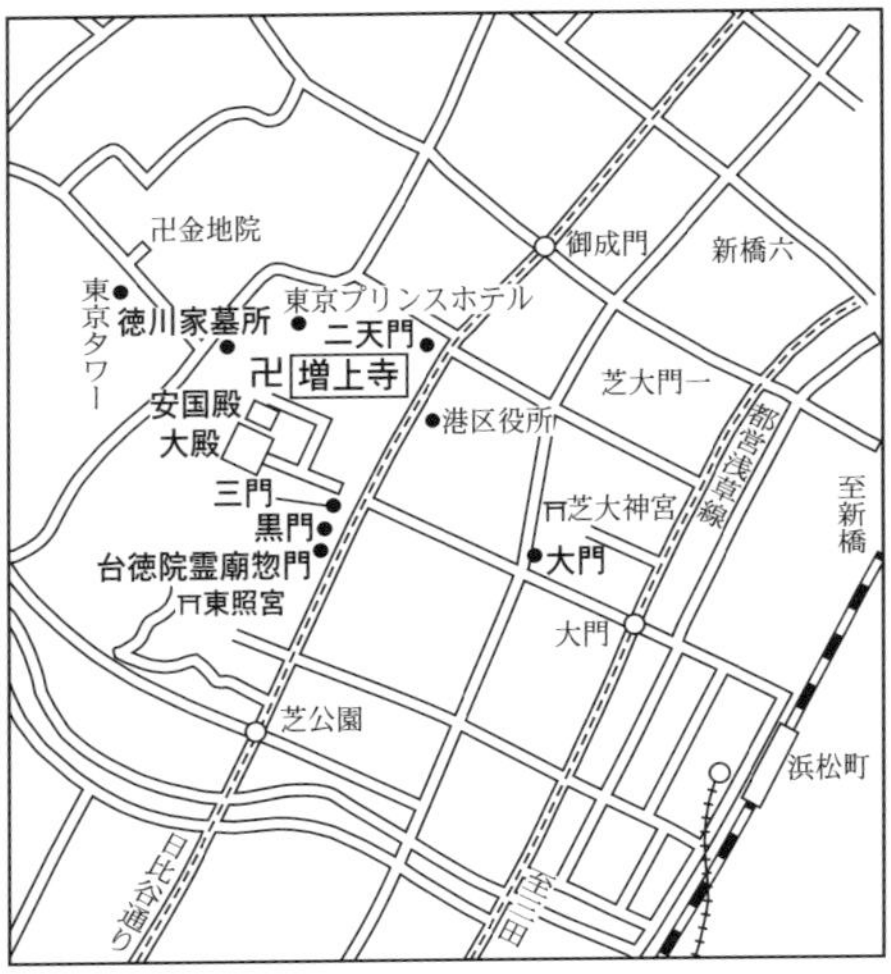

増上寺を出て、隣の東京プリンスホテルへ向かう。入口の脇に銅葺きの古い門がある。二天門といって、七代将軍家継廟《びょう》の門であった。門内には、多聞天《たもんてん》・増長天《ぞうちょうてん》が配置され、近づく者をすさまじい表情でにらみつける。かつて門は極彩色だったようだが、現在は大半がはがれ落ちてしまっている。二天門のそばには、昔の増上寺の御成門が立つ。

徳川家墓所入口に立つ鋳抜門

鋳抜門の門扉に施された葵紋

来た道を戻り、増上寺の門前をすぎ、しばらくいくと、民間のゴルフ場に着く。この入口にも、由緒ある銅葺きの門が立つ。二代将軍秀忠（台徳院《だいとくいん》）廟惣門《そうもん》である。やはり、二天門同様、見事な彩りがほどこされている。

さて、徳川将軍家の菩提寺は、増上寺のほかにもうひとつある。上野の寛永寺である。増上寺から寛永寺《かんえいじ》へ行くには、JR浜松町駅まで歩き、電車に乗り上野駅で降りるとよい。

上野公園内をブラブラ一五分ほど歩くと、公園の隅に上野寛永寺本堂がある。

寛永寺根本中堂

寛永寺は、寛永二年（一六二五）に天海《てんかい》が江戸城の鬼門を守る寺院として開いた寺院で、三代家光《いえみつ》が徳川将軍家の菩提寺に定めた。

かつては上野公園一帯が寛永寺の寺域であり、三十六院をかかえていたというが、現在寛永寺といえば、根本中堂（本堂）の境内をさす。ちなみに、この根本中堂は、明治十二年（一八七九）に川越の喜多院《きたいん》にあった建物を移築したものだ。明治維新の際、本物が上野戦争で焼失してしまったからである。この戦争での上野の被害は大きく、寛永寺の建物群の大半は焼け落ちてしまっている。

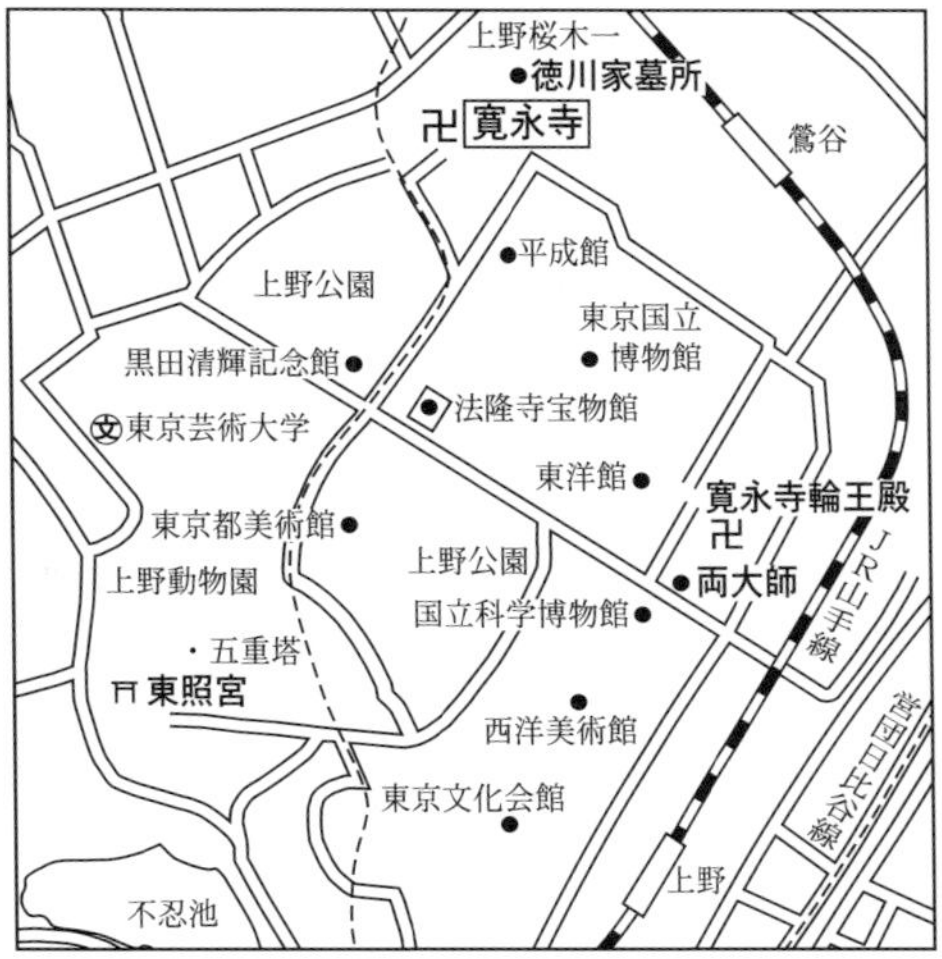

境内には、尾形光琳《おがたこうりん》の弟で陶工・画家の乾山《けんざん》の墓碑や長島藩主である増山雪斎が写生に用いた虫類の供養のために立てた虫塚や上野戦争碑記などがある。

徳川将軍家の墓所は、本堂の裏手に広がる。高い石垣にかこまれた墓所は、残念ながら一般には公開されていない。

寛永寺境内の虫塚

しかし、奇跡的に焼け残った四代家綱《いえつな》（厳有院《げんゆういん》）霊廟勅額門《ちょくがくもん》と五代綱吉《つなよし》（常憲院《じょうけんいん》）霊廟勅額門は、実際に目にすることができる。いずれもよく修復されていて、屋根は碧《みどり》に輝き、朱を基調とした壁や柱には金と黒が巧みに配色され、壮麗な姿で墓所前に鎮座している。

寛永寺境内の綱吉霊廟勅額門

金色の獅子頭は、まるで朱塗りの門柱から飛び出してきそうなほどリアルにできている。両門は、ともに国の重要文化財である。

家綱の霊廟勅額門から数分歩くと、両大師堂にいたる。堂に近づいてまず目に飛び込んでくるのが、切妻造りの大きな門である。

異様なのは、その門全体が真っ黒であることだ。本瓦葺きの屋根だけでなく、柱から壁・扉まですべてが漆黒で造られている。この門は、寛永寺本坊の表門であったのを、ここに移建したもので、俗に黒門と呼ぶ。

上野戦争の時、運良く焼けずにすんだが、柱や壁に当時の弾痕の跡が痛々しく残る。

この黒門の左奥に、ハッとするほど見事な青銅製の灯籠が四基並んでいる。ちょうど、ヨーロッパの女性がハットをかぶりロングスカートを身につけたように見え、腰のくびれが美しい。この灯籠はかつて、三代将軍家光（大猷院）の霊廟にあったものだという。笠には、りっぱな葵の御紋が浮き出している。

それにしても、上野公園は広い。ここからは、国立博物館に入っても、あるいは、不忍池《しのばずのいけ》に足を向けてもいいだろう。もし、徳川家ゆかりの地がお望みなら、園内の東照宮がおすすめだ。そこには、将軍家光が再建した見事な権現造の唐門や拝殿・本殿が残っている。また、両大師にあったような青銅灯籠が五〇基、さらに巨大な石灯籠が三〇〇近くズラリと並び、その列はまことに壮観である。

両大師にある家光霊廟の灯籠

■執筆
伊東龍一（熊本大学工学部助教授）
中西立太（歴史考証画家）
早川純夫（作家）
河合　敦（都立高校教諭）

■カバー・表紙・総扉装丁
熊谷博人

■DTP
ナチェロ

■写真提供
サン・プロジェクト
NHKエンタープライズ21
大屋書房

図説江戸1　江戸城と将軍の暮らし

二〇〇〇年五月一日　初版発行

監修　平井　聖
発行人　市川俊男
発行所　株式会社　学習研究社
東京都大田区上池台四—四〇—五　〒一四五—八五〇二
編集制作　株式会社　碧水社
東京都千代田区三崎町二—一〇—五　〒一〇〇—〇〇六一
印刷所　凸版印刷株式会社

◎この本に関するお問い合わせやミスなどがありましたら、次のところにご連絡ください。
文書は、〒一四六—八五〇二　東京都大田区仲池上一—一七—一五　学研お客様相談センター
電話は、内容について→〇三—三七二六—八三七〇（編集部）
在庫についてのお問い合わせ→〇三—三七二六—八一五四（出版営業部）
その他→〇三—三七二六—八一二四（お客様相談センター）

166745　ISBN4-05-401237-X